JN123643

発達支援につながる臨床心理アセスメント

ロールシャッハ・テストと発達障害の理解

明翫光宜 著
Myogan Mitsunori

遠見書房

はじめに

　本書は，主に発達障害に関するアセスメントを臨床心理学の視点から述べたものである。発達障害のアセスメントの専門書が多くある中で，本書は伝統的なアセスメント技法である投映法についても詳しく取り上げている点が特徴であろう。本書のキーワードは発達障害とアセスメントとなるため，この2つのキーワードについて触れておきたい。

　1つめは発達障害である。筆者が臨床心理学を本格的に学び始め，心理臨床の実践を行ってきた約20年を振り返ると，臨床心理学そのものが大きな変化の渦中にあったといえる。それは，発達障害概念の急速な普及である。2000年あたりから，発達障害概念が急速にかつ広く臨床現場に浸透していき，かなり身近な存在となった。同時に臨床現場で出会うクライエントの背景に発達障害特性を抱えている方が増えてきた。臨床心理学では，この変化に対応するために，アセスメントツールや技法や解釈法の修正が求められるようになった。

　このような状況の流れの中で，ほぼ全ての支援者に，（以前なら発達障害の専門家に依頼していたであろう）発達障害特性のアセスメントの活用が求められてきている。一方で臨床心理学の進歩もあった。発達障害特性およびその関連因子に関する客観的なアセスメントツールがここ10年で次々に開発されていった点である。この変化は，心理臨床家になっていく訓練課程で，よりさまざまなアセスメントツールの技法的な習得が求められるわけであるが，同時に丁寧に学んでいけば心理臨床家の守備範囲（対応可能範囲）をずいぶん広げることになったと言える。ただ，心理臨床家の訓練課程において発達障害特性のアセスメントの教育が浸透しているわけでもない。したがって本書の第Ⅰ部では，心理臨床家の発達障害特性のアセスメントの守備範囲（対応可能範囲）を広げていくために，発達障害ではどのようなアセスメントツールが必要とされ，学習が望まれるかについて触れている。

　もう1つは，アセスメントについてである。現在の臨床現場では，心理臨床家に限らず対人援助職ならば，誰もがアセスメントという言葉とその意味については理解しており，そしてアセスメントをより多く活用する時代にな

ってきた。面接によるアセスメントはさまざまな対人援助職の方が行っている中，心理検査（アセスメントツール）については，心理臨床家が心理検査を実施し，心理検査レポートを作成している。この心理検査によるアセスメントは，心理臨床家が得意とする業務であり，その結果からクライエントの状態像や能力的側面，そしてニーズを推測し，全体像を描いていくプロセスそのものは心理臨床家のアイデンティティであるともいえないだろうか。しかし，心理検査の結果からクライエントの状態像や多様なニーズを推測するスキルを身につけることはなかなか難しい。それはなぜだろうか？ おそらくは心理検査の解釈仮説を信じてしまうがゆえに，なぜこのような反応が生じたかについて考えることが難しいからであろう。その人の反応がどのように生じたのかというプロセスは，反応産出過程と呼ばれ，本書では重要視している。ぜひ注目していただきたい。さらに次のような疑問が浮かぶかもしれない。なぜ，心理検査を用いたアセスメントはこれほど手間をかけないといけないだろうか？ この問いに答えるために，自問自答になるが，あえてこのアイデンティティともいえるアセスメント業務について問いを立ててみたい。「なぜ我々はアセスメントを行う必要があるのだろうか？」

　筆者は以下のように考えている。「アセスメントを行うことで，クライエントの背景にあるさまざまな事情を私たち対人援助職は理解することができ，ひいては支援の方向性が合っているか，あるいはどのように働きかければよいかについて示唆を得ることができるためである」。つまり，アセスメントの結果はその後の支援へとつながっていないとクライエントの利益につながらない。基本中の基本と言われそうであるが，本書の論考ではこの点を常に意識している。例えば，投映法という技法について，「発達障害領域に使えない」，「主観的すぎる」といった批判が聞かれたりする。しかし，投映法は80〜100年の歴史があり，現代まで生き残ってきた強みがある。発達障害臨床で投映法がなかなか役立てられなかったのは，心理臨床家が発達障害領域において投映法を有効活用できなかっただけにすぎない。具体例をあげると，投映法で使われるオーソドックスな解釈仮説が発達障害の認知特性を想定していないため，そのまま使うと批判通り「使えない解釈」に陥ってしまうという点である。筆者は大学院時代から投映法，特にロールシャッハ・テストの魅力に取りつかれ，研究に打ち込んできた。研究が進むに従って，投映法の刺激に特殊性があり，その刺激から引き出される反応に発達障害特性がうまく反映されているに違いないと強く思うようになった。その一連の研究からの筆者なりの答えが本書の第Ⅱ部の論文に収録されている。

　対人援助職の世界で，アセスメント業務は浸透し，進歩した。そのこと自体は大変喜ばしいことである。ただ，アセスメントの使い方で危惧されるのは，アセスメントを実施した結果，クライエントに発達障害特性があることが示唆されるという所見で終わってしまうケースである。そこからは支援のヒントは何も得られない。この問題を防ぐためにも「発達障害特性が示唆されるということはどういうことなのか？」，「この反応からは何が理解できるのか？」とさらに問いを立て「心理検査に示されるような反応特性や示唆された発達障害特性がある結果，クライエントの生活にどのような困難さがあり，そこから一歩前進・成長するための支援の手掛かりとして何があるだろうか？」と考え続けることにこだわってほしい。心理検査は，投映法も含めてその刺激特性にそれぞれの個性があり，その刺激から引き出される反応は実に多くのヒントを我々に提供していると思う。

　本書が心理臨床家の心理アセスメントに役立ち，さらに発達障害特性のあるクライエントに必要とされるアセスメントと支援が届くことを願っている。

明翫光宜

目　　次

第II部　投映法を発達障害支援に活用するために

目　　次

第 1 部
支援とアセスメント

発達障害理解のための
心理アセスメント

Ⅰ．はじめに

　「心理アセスメント」や「心理検査」と聞くと，読者の皆さんはどんなイメージが浮かぶだろうか。何か大がかりな精密検査をイメージするかもしれない。自分の能力が判定されるという恐れを抱くかもしれない。このように心理アセスメントという言葉から多くのイメージが抱かれ，また誤解も生まれやすくなっている。またこれらの誤解や偏見によって心理アセスメントが本来必要とされる人々に届かないことも十分に考えられる。そこで本論では「心理アセスメントの本当の目的と適切な利用の仕方」について考えてみたい。

Ⅱ．心理アセスメントのプロセス

　心理アセスメントは，心理検査やアセスメント面接の実施，結果の解釈，支援計画の策定，受検者へのフィードバックという流れを持っている。心理アセスメントを実施したことのある心理臨床家は，時間と労力がかかる作業であることを知っている。例えば，知能検査では実施に最長2時間くらいかかり，また実施以上の時間と労力をかけて結果の解釈を行い，心理アセスメントレポートを作成していく。

　このプロセスを知ると，「そんなにも時間がかかるのか？」と驚かれる方もいるかもしれない。「それほどまで時間と労力をかけて心理アセスメントを行うことにどんな意味があるのだろう？」と疑問に思われる方もいるかもしれない。心理臨床家は何のために心理アセスメントを行うのだろう？　それは「支援につながるその人の大切な理解を多くの人と共有する」ためである。

　では，心理アセスメントが依頼される経緯とは何だろうか？　そもそも発達障害の子どもたちは何かの事情である行動（適応行動）ができなくて困っ

11

ている。そして家族・教師は，なぜ子どもたちはある行動（適応行動）ができないのか，なぜ困った行動（問題行動）が起こるのかが理解できなくて困っている。そして子どもも周囲もどうやって今の行き詰まりを乗り越えていけばよいか理解できず困っている。つまり，困っていることの中身の一部は「わからない・理解できない」ということである。心理アセスメントとは，まさにこの「わからなさ」に光を当てて正しい理解を手に入れることに他ならない。

III．発達障害の心理アセスメントの特性

　心理アセスメントや心理検査と聞くと，たとえばバウムテストなどの描画法やロールシャッハ・テストをイメージするかもしれない。こころを理解するとのことから人間の無意識的な何か（葛藤）を映し出すレントゲンなどを想像するかもしれない。しかし，それは投映法という心理アセスメントの一つの分野であること，さらに発達障害の心理アセスメントにおいては投映法的理解よりも優先されるべき方法があることも心理臨床家としては知っておく必要がある。ここで筆者は投映法が発達障害の心理アセスメントに必要ないと言うつもりはない。筆者自身も発達障害の投映法研究を行ってきたし，ある条件下において有用であることも実感している。その条件下とは投映法の持つ解釈仮説を発達障害の認知特性に合わせた変更を行うことで利用可能性が広がるという点である。しかし，以下に述べるような社会的な仕組みと心理アセスメントとの関係を考えた場合，投映法以上に優先されるべきアセスメントがあるという事情を知っておく必要がある。

　発達障害の支援において，まず発達障害特性がどの程度あるかどうかを把握する必要がある。発達障害者支援法の施行以降，保育園の加配の保育士配置や通級指導教室の利用，就労支援などが充実してきた。これらの支援を利用するにあたって，心理臨床家が「障害特性の有無や度合いを把握できること」が，とても重要になっている。わが国では支援の継続や必要性の根拠を示す役割を心理アセスメントが担っていると言えるのである（辻井，2014）。例えば，保育園の加配配置や学校現場での補助員，通級指導教室などの利用では関係機関や自治体から発達障害であることの根拠が求められる。その根拠が心理臨床家の心理アセスメントのレポートとなる場合がある。そして発達障害特性を抱える人がこの世の中に多く存在することは，現代の発達障害研究が明らかにしてきたことであり，発達障害特性を把握するアセスメント

ツールを活用できることは必須となってくるであろう。

Ⅳ．発達障害のアセスメント面接

　多くの心理臨床家は，主に初回面接時に養育者から子どもの現在の様子や過去の発達歴などを把握することが多い。実際に実施にあたって生育歴の何を情報収集するのかを訓練中の心理臨床家から尋ねられることも多いので，Saulnier と Ventola（2012）の臨床面接や筆者が実際に行っているアセスメント面接での要点を紹介する。

　まずは主訴の確認である。内容は発達障害特性に関連したものであることが多いが，主訴の内容が診断基準と関連しない問題行動（睡眠・食事・攻撃性・自傷行為など）も多くあることにも注意する必要がある。その問題行動が，いつどこで生じるのか，それが子ども自身や家族の機能をどの程度脅かすのかの情報も必要である。この主訴とされる問題行動の対応を考える上で応用行動分析の機能アセスメントの視点が非常に役立つので，心理臨床家の個々が持つオリエンテーションを問わず，機能アセスメントの手順を学習することが望まれる。

　次のステップは発達歴である。乳幼児期の発達過程において，運動，言語，社会性などの発達が年齢相応であるかどうかを理解していくことになる。まず，妊娠出産の状況について確認し，乳児期の発達過程の聴取に入る。

　運動発達では，首の坐り，寝返り，ひとり座り，ハイハイ，つかまり立ち，歩き始めの時期に注目する。言語発達では，喃語，名前を呼んで振り返る，大人からの言葉の理解，始語，2〜3 語文，双方向コミュニケーションの様子などである。特に高機能圏の自閉症スペクトラム障害の子どもたちは，言葉の発達は順調であるがコミュニケーションが一方通行であり，双方向のやり取りになりにくいという報告が多いので，双方向コミュニケーションという視点は重要である。社会性では，微笑み返し，アイコンタクト，人見知り・後追い，指さし（要求・叙述），やり取り遊びや模倣，ジェスチャーの理解，他児への関心，他児とモノを共有する，友人関係などに注目する。その他の重要事項では，夜泣きや気質，排泄，感覚過敏，かんしゃく，多動・迷子などの問題がなかったかを確認する。

　これらの発達過程を聴取しつつ，1 歳半健診や 3 歳児健診の様子と対応，保育園・幼稚園の様子，小学校での様子と子どもの発達に心配し始めた時期について確認し，親の子育ての大変さも理解し，対応されてきた親をねぎら

うように努める。なお，面接を行っていて情報収集した発達過程が年齢相応かどうかについて戸惑うことが多いと耳にする。ここで取り上げた項目についてあらかじめ定型発達ではいつごろ出現するかなどについては発達検査の項目を調べ，面接シートにメモした上でアセスメント面接を行うなどの工夫が必要である。時系列に聴取していくと現在の状況へと移ってくるが，主訴となるような問題行動だけではなく，現在の遊び・楽しみにしていること，得意なこと，身辺自立，コミュニケーションの方法などについても把握する必要がある。なお，現在の適応行動についてのアセスメントは次項のアセスメントツールで紹介する日本版 Vineland-II 適応行動尺度を使用することが有用である。

　家族歴では，近親者に発達障害と診断されている，発達障害特性がある人がいるかどうかを確認する。また母親自身のメンタルヘルスの問題（気分障害）などは虐待のリスクファクターにもなっており，家族支援のメニューを考えていくうえで重要な情報となる。

　これらの情報を丁寧に聞いていくと，子どもの状態像（発達障害特性の有無）と問題の背景など大まかに理解することができる。次のステップとして子どもの知能検査や適応行動のアセスメントを行うことになるであろう。そこで立てた仮説について客観的に確かめたり示す必要性がある場合や少ない回数の面接で素早い判断を求められる場合などは，次に述べる発達障害特性を把握するアセスメントツールを活用することが望まれる。

V．発達障害のアセスメントツールの活用

　先ほどアセスメント面接での要点を示したが，アセスメント面接をしていく中で重要だと思った点や気になる点はアセスメントツールを活用することが望まれる。日本における発達障害の心理アセスメントは，現在大きく変わろうとしている。知能検査・発達検査に頼っていた時代から障害特性にターゲットを当てたアセスメントツールが次々に日本語版として登場しているためである。そしてアセスメントツールについてのガイドラインも出版され（辻井監修，2014），テストバッテリーの組み方などのメニューもより明確に考えることができるようになっている。

　では発達支援に必要な情報とは何だろうか？　支援者は，以下に述べるような情報（明翫，2014）を基礎知識として知っていることが必要になる。

（1）障害特性

　ある側面が非常に苦手であるがゆえに困難が生じているわけであるから，発達あるいは認知のどの領域に苦手な側面があるのか，あればどの程度困難なのかを把握する必要がある。発達障害特性は，合併がしばしばあるので1つの障害特性が該当しても，他にも合併の可能性があるかどうか検討することが望まれる。自閉症スペクトラム障害（ASD）特性を客観的に把握することが必要な場合，ADI-R（金子書房）やADOS（金子書房）が世界的にはゴールドスタンダードではあるが，より簡便であるPARS-TR（金子書房）は信頼性・妥当性も保証され，多くの心理臨床家が使いやすいアセスメントツールとなっている。

　注意欠如・多動性障害（ADHD）特性を把握するには，児童であればADHD-RS（明石書店），Conners3（金子書房）がある。両者ともにDSM-5に準拠した質問紙である。簡便さを求めるならばADHD-RSであり，反抗挑戦性障害や素行障害などの二次的障害のリスクなども視野にいれたアセスメントを計画するならばConners3を選択することになる。特にDSM-5からは自閉症スペクトラム障害と注意欠如・多動性障害の併記が可能になったので，この2つは常にチェックする必要があるといえる。

（2）全体的な知的発達水準

　現在，どのくらいの水準の理解度があるのか，物事の理解の仕方に何か特徴はないか（苦手な情報処理だけではなく，得意な情報処理も理解できる）を推測できる。これによって取り組むべき支援の課題やコミュニケーションのレベルもクライエントに合わせていくことができる。代表的なアセスメントツールは知能検査である。知能検査の解釈で注意を要するのは，単にIQの数値やプロフィールのパターンからのみ所見を組み立てるのではなく，質的分析を行い，その数値や回答が生み出されたプロセスなどを検討する必要がある。そのプロセスでわかってきたことが次に検討する適応行動のアセスメントにつながっていく。なお，ここで述べた知能検査の解釈方略は糸井（2013）に詳しい。

（3）日常生活の適応状態

　次に，実際に日常生活においてどんな適応行動が達成しているのかを把握する。適応行動については長らく日本では適切なアセスメントツールが存在しなかったが，2014年10月に日本語版Vineland-II適応行動尺度（日本

文化科学社）が販売された。日常生活の個々の生活スキルに対してどのスキルがサポートなしで達成できているか，あるいはサポートがあれば達成できるか，未達成かについて明確にたどることができる。このように日本語版Vineland-II 適応行動尺度を用いて丹念に子どもの適応行動の達成状況をたどっていけば，実は個別支援計画の目標設定と連動するという利点がある。今後，発達障害理解のための必須ツールとなることは間違いないであろう。二次的障害のリスクの全般的な状況を把握する場合は，子どもの行動チェックリスト（京都国際社会福祉センター）が有用である。

（4）妨害要因

　本人と接したり，支援計画を立てたりしていくうえで，スキルの学習に困難をきたしてしまうような要因（例：感覚過敏など）について知っておく必要がある。感覚過敏などの感覚処理の困難さは日本語版 SP 感覚プロファイル（日本文化科学社）を用いることで，過敏性の程度を客観的に把握できる。

　以上 4 つの視点でアセスメント情報がそろってきたとき，アセスメントを行う前よりも，本人と接するときにどんなことに留意すれば良いか（例：過敏性・コミュニケーションや理解度のレベル），課題の設定やレベルの調整が分かりやすくなる。実はこのアセスメント過程で収集した情報は，まさに個別支援計画の実態把握で必要とされている基本情報（竹林, 2006）とほぼ対応する。個別支援計画は，特別支援教育や障害児者福祉でも必要とされているが，主な作成者である保育士や教師，指導員はこれらの心理アセスメントに関するトレーニングを受けているわけではない。心理臨床家と保育士・教師・指導員と協同で個別支援計画が作成できることが望まれる。

VI.　おわりに──発達障害の心理アセスメントとは

　発達障害という視点が現在精神医学や臨床心理学に再構築をもたらしている。本稿で述べた心理アセスメントに関しても，おそらく大きな変化が起きていると筆者は実感している。以前の心理アセスメントは，少なからずクライエントの精神内界や内的世界の理解に光が当たっていた。しかし，発達障害の心理アセスメントにまず優先されるべき点は，個別支援計画につながる日常生活のためのアセスメント（辻井, 2014）であることがはっきりしている。つまり，現実の中で何ができていて，何ができないか，どんなふうに困っているかという「現実をアセスメントする」ことになる。発達障害の視点

は，心理アセスメントという分野に「現実をアセスメントする」という視点と方法論を追加したことになるのではないだろうか。この変化は心理臨床家に多少の動揺と学ぶべき内容を与えたことになるかもしれない。しかし，以前は少数の卓越した発達障害の専門家のみが主に面接や観察を用いて得ていた情報を，これからは多くの心理臨床家が必要なトレーニングを積めば客観的な数値でアセスメントできる変化ともいえる。そして何より必要なアセスメントが正確にかつ客観的にできるようになることは，発達障害児者にとって多くの幸福につながっていく。そう考えたとき，我々はこの新しい「現実をアセスメントする」視点を「支援をつなげるためのアセスメント」となるよう努力をしていきたい。

　文　　　献

糸井岳史（2013）発達障害特性を持つ事例の WAIS-III 解釈方略．ロールシャッハ研究，17, 17-20.

明翫光宜（2014）心理アセスメントとは？　In：辻井正次監修・明翫光宜編集代表：発達障害児者支援とアセスメントのガイドライン．金子書房.

Saulnier, C. A. & Ventola, P. E. (2012) *Essentials of Autism Spectrum Disorders Evaluation and Assessment.* John Wiley & Sons.（黒田美保・辻井正次監訳（2014）自閉症スペクトラム障害の診断・評価必携マニュアル．東京書籍.）

竹林地毅（2006）作って元気になる「個別の指導計画」をめざして．特別支援教育研究，609, 6-11.

辻井正次（2013）わが国における発達障害児者の生涯にわたる支援の枠組み．臨床心理学，13(4), 463-467.

辻井正次（2014）発達障害のある人が障害特性を持ちながら生活することを支える研究と支援．臨床心理学，14(1), 17-20.

辻井正次監修（2014）発達障害児者支援とアセスメントのガイドライン．金子書房.

第 2 章

発達検査

　近年，発達の気になる子の早期発見・早期介入が広まっており，**発達検査**を用いた心理アセスメントの重要性はますます高まってきている。発達検査を活用するためには，ヒトの運動・認知・社会性の発達の道筋とその平均的な基準をまず知っておく必要がある（図 2-1）。それによって，その子がどの領域の発達が順調に進んでいるのか，あるいは遅れているため支援が必要なのかという情報をつかむことができるためである。

　本節では，発達検査を物差しとする理解から一歩進んで，どんな発達の状態にある子がどんな体験世界にいるのかを記述してみたい。滝川（2012, 2017）や白石（1994）の優れた発達の解説があるので適宜援用していく。心理検査は，その反応から相手の体験世界をイメージできることがとても重要である。そのための発達理論を図 2-1 の発達項目と照らし合わせながら紹介していきたい。

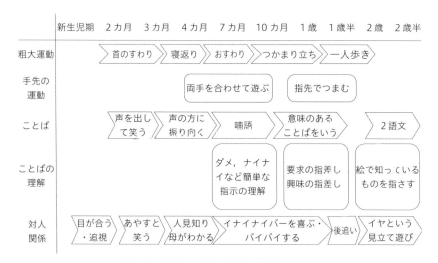

図 2-1　子どもの発達の順序（明翫，2019）

Ⅰ．発達検査を活用するための発達理論

　まず，図 2-1 の新生児期に注目してほしい。発達的に自分自身でできることがまだまだ少ないこの時期の体験世界は，未知で未分化で混沌とした多くの刺激に囲まれた世界であることがすでに知られている。だからこそ，新生児はほとんどの時間をまどろんだ状態で過ごすことにより，その刺激から守られていると考えられている（滝川，2012）。さらに，子どもが不快感を抱いたときに啼泣（泣く）というアラームで養育者に伝え，それを理解した養育者によって不快感が取り除かれるということを繰り返して，感覚の共有体験や基本的信頼感を獲得していく（滝川，2012, 2017）。安心感を何度も体験していくうちに，子どもは養育者をよく見るようになる（観察の始まり）。子どもは，穏やかな雰囲気であれば安心し，接近する。見慣れないものに安心感が持てなければ不安や警戒心を持つようになる（滝川，2012）。馴染みのない人に対する不安反応を私たちは人見知りと呼んでいる。馴染みのある安心できる対象と馴染みのない対象とを観察し，区別できるようになった状態が人見知りである。

　子どもは，新生児の時期はよく見えずぼんやりした状態であるとしばしば言われるが，3 カ月ほど経つとだんだん焦点が合ってくるという。その焦点の合う距離は，養育者が子どもを抱っこした時に，ちょうどアイコンタクトをしやすい幅にあたる。ここに，アイコンタクトと生理的微笑（あやすと笑う）が同時期に起こる。これは子どもと養育者のアタッチメント（愛着）形成に，大きな役割を担っていることが，子ども側から見てもよく理解できる。

　発達のアセスメントでは，首のすわり（定頸）から聞くことが多い。この発達的変化を子ども側から見ると，観察したいものに自由に視線を向けて，能動的に注視できるようになることを示す（滝川，2017）。この能動性は子どもの好奇心に支えられていく。例えば，ガラガラという興味があるものを自分のほうへ持ってこようとする時，まず自分の手の存在に気が付き，手でガラガラをつかもうとして寝返りに挑戦し，そして目標物に手を伸ばし，ついに手にすることで達成感を得る（白石，1994）。こうしたモノの扱い方は微細運動の 1 つであるが，他にも「手を握る－広げる」，「つかむ」，「はさむ」，「つまむ」といった，その後の日常生活で苦労している子どももいる動作であるため，注目したい発達の系列である（石川，2015）。

　一方，コミュニケーションに目を向けてみると，新生児期の啼泣から始ま

り，２カ月ぐらいから心地よいときに出てくる「アーアー」といった単純な発声である，クーイングが出てくる（滝川，2017）。養育者はクーイングを子どもの語りかけとして扱い，言葉を返すことで，子どもは次第に「ダァー，ダァー」などの複雑な音声である喃語（バブリング）を示すようになる。そして今度は，子どもが相手を見て喃語を示すといった，双方向のやり取りが本格的に始まる（滝川，2017）。この時期，養育者と子どもの情動の共有が活発になされており，両者の情動の波長が一体化されたような重なり合いになる。この状態を情動調律（affect attunement）という（Stern, 1985）。さらに進めば子どもは，自分の欲しいものや関心のあるものに，視線を向け指差すようになる。それを大人もちゃんと見ているか，その視線の先を見つつ確認していく行為を共同注意（joint attention）と呼び，子どもの社会性の発達では重要な指標になる。

　この時期の言語発達について，図 2-1 に則してみると，「意味のある単語」（１語文）を発し，モノにはそれぞれ名前があるということを認識するようになる（滝川，2017）。それに続く２語文の段階では，単に単語を２つ並べて表現するのではなく，例えば「ママ，ネンネ（ママ，寝ている）」などモノの状態や性質，動きにもそれを表現する言葉があることを理解し表現できるようになり（滝川，2017），発達的に大きなステップを踏んでいる。

　このように，子どもの発達の指標の意味と体験世界を理解することで，発達検査の反応や行動観察から，子どもの認識や関係性を構築していく力がどの水準にあるのかを，ある程度推測することができる。ここでは乳幼児期のみ発達の順序を示したが，その後も発達は枝分かれしながら続いていく。発達指標は，「物差し」の目盛りの一つひとつであり，それぞれの時期の子どもの体験を意識してみてほしい。

Ⅱ．発達検査の種類

（１）質問紙による発達検査

　現在，養育者を対象にした質問紙による発達検査が広く使われている。これらの検査は主に発達のスクーリニングとして地域の保健センター等を中心に用いられている。

　津守・稲毛式発達検査は，Gesell の発達検査の概念に基づいて日本の子ども用に構成された発達検査である。質問紙は，１〜12 カ月まで，１〜３歳まで，３〜７歳までの３種類に分かれている。検査の実施は，養育者に０歳

〜 7 歳までの子どもの日常生活の中にあらわれるありのままの行動について暦年齢相当の問題から始め，月齢ごとのまとまりのある項目群が全て○になるまで実施し（下限），また月齢ごとの項目群で全て×になるまで聴取していく。各項目の評価方法は「確実にできる」は○（1 点），「明らかにできない・経験がないは」×（0 点），「時々できる」は△（0.5 点）とする。検査結果は「運動」，「探索・操作」，「社会」，「食事・生活習慣」，「言語」の 5 領域の発達プロフィールをもとに理解する。

　遠城寺式乳幼児分析的発達検査法は，0 カ月〜 4 歳 7 カ月までの子どもに対して「移動運動」，「手の運動」，「基本的習慣」，「対人関係」，「発語」，「言語領域」の機能を評価する発達検査である。津守・稲毛式発達検査との違いは，「色紙 4 枚」，「絵 3 枚」，「大きい○と小さい○を並べて書いたカード 1枚」，「本，鉛筆，時計，椅子，電灯を書いたカード 1 枚」が検査法に付属されており，実際の検査場面で使用する。その他にボール，ガラガラ，ハンカチ，積木，ハサミ，鏡，長い棒（15cm）と短い棒（10cm），碁石（12 個）などは検査者各自が準備する方が良いとされている。検査者は，養育者と面接をして子どもの発達の状態を聞きながら，同時に子どもの反応や行動を観察する。実施方法は暦年齢相当の問題から開始し，上限は不合格が連続 3 問続いたところで中止する。また下限は合格が連続 3 問続いたところで中止とする。本検査の特徴は，1 枚の検査用紙において 0 〜 4 歳 8 カ月までの発達を評価できるため，同一の検査用紙に結果を継続的にプロットすれば発達の推移を継続して評価できる点にある（畠垣，2015）。

　1989 年 と 比 較 的 最 近 標 準 化 さ れ た 方 法 に KIDS（Kinder Infant Development Scale）乳幼児発達スケールがある。これは 0 歳 1 カ月〜 6歳 11 カ月の乳幼児に対して面接者が主たる養育者あるいは園の担任に聴取するか自己記入式にて行う。質問紙は，A（0 歳 1 カ月〜 0 歳 11 カ月），B（1 歳 0 カ月〜 2 歳 11 カ月），C（3 歳 0 カ月〜 6 歳 11 カ月：就学児は除く），T（0 歳 1 カ月〜 6 歳 11 カ月：発達遅滞傾向児向き）の 4 種類がある。実施法は，「明らかにできる」が○，「明らかにできない」，「できたりできなかったりする」が×として全項目を記載するのが基本となる。検査では「運動」，「操作」，「理解言語」，「表出言語」，「概念」，「対子ども社会性」，「対成人社会性」，「しつけ」，「食事」の 9 つの領域の発達状況を評価する。また換算表から発達年齢，発達指数を算出できる点も特徴である。

　保育士・幼稚園教諭が評価する発達検査も近年開発されている。各年の指導の過程や発達に関する記録として「保育・指導要録のための発達評価シー

ト（TASP：Transition Assessment Sheet for Preschoolers）」が開発され
ている（伊藤・浜田，2017）。この尺度は，保育士・幼稚園教諭の観点から
子どもの様子について評定することで社会生活に影響を及ぼすと考えられる
発達障害特性について，客観的に把握することができる。実施方法は，担任
の保育士・幼稚園教諭が幼児期の発達についての記述 35 項目に対して，○
（できる：2 点），△（場合によってはできる：1 点），×（できない：0 点）
で評定する。得られた検査結果は，「落ち着き」，「注意力」，「社会性」，「順
応力」，「コミュニケーション」，「微細運動」，「粗大運動」の 7 領域の発達が
評価される。これらの領域は「多動不注意関連特性（落ち着き・注意力で注
意欠如・多動性障害に対応）」，「対人社会性関連特性（社会性・順応性・コ
ミュニケーションで自閉症スペクトラム障害に対応）」，「運動関連特性（微
細運動・粗大運動で発達性協調運動障害に対応）」にまとめられ，得点が低
いほど発達の課題が明らかになることを示している。さらにこれらの指標は
「外在化指標（落ち着き＋注意力）」，「内在化指標（社会性＋順応性＋コミュ
ニケーション＋粗大運動）」，「学業指標（注意力＋コミュニケーション＋微
細運動）」，「総合指標（全領域の合計）」の 4 つの総合指標得点にまとめられ
る。各得点は，同程度の月齢の標準データと参照して，どの程度の水準にあ
るのか（標準的水準，境界水準，要配慮水準）を把握することができる。指
標得点は，子どもの示す発達上の特徴が将来（児童期・思春期）どのような
問題につながる可能性があるかが研究で示唆されており，特に小学校への移
行において重要な情報になるとされる（伊藤・浜田，2017）。

　これらの検査の有用性は，まず子どもの日常生活の中で示されるありのま
まの行動項目から発達を理解できることにある。次に導入のしやすさであり，
特別な道具や場所を必要としないこと，面接の中で自然な形で実施すること
が可能であること，多くの時間をかけずに簡便に実施できることが挙げられ
る（永田，2014）。さらに臨床的な有用性については，質問項目が発達順序
に沿って構成されているため，子どもが次にどんなことができるようになっ
ていくのかについて，発達の見通しやこれからの課題を養育者に意識しても
らうことが可能なこと，子どもの発達の全体像を理解できるので支援の方向
性が家族と共有しやすくなるということが挙げられる（永田，2014）。その
ためにも発達項目で「時々できる」，「サポートがあればできる」という項目
に，我々は注目する必要がある。

　発達検査とは異なるが，子どもの発達に大きく影響を及ぼす要因として親
の養育行動があり，このアセスメントも重要になる。親の養育行動について

は近年まで臨床的応用を視野に入れて，かつ心理測定学的精度を備えた心理尺度が存在しなかった（PNPS 開発チーム，2018）。しかしペアレント・プログラムなどの家族支援プログラムが開発され，子どもの発達を個体だけではなく，養育環境も含めて評価するようになっており，養育行動を理解する手段として利用することは，今後ますます重要になってくる。その代表例として肯定的・否定的養育行動尺度（PNPS : Positive and Negative Parenting Scale）がある。PNPS は，「関与」，「肯定的応答尺性」，「見守り」，「意思の尊重」を説明する肯定的養育，「過干渉」，「非一貫性」，「厳しい叱責・体罰」などを説明する否定的養育態度の 2 因子からなる。24 項目からなる質問紙であり，発達検査とともにテスト・バッテリーとして活用していきたい質問紙である。

（2）半構造化面接による適応行動のアセスメント

　適応行動とは，個人的・社会的充足を満たすのに必要な日常生活における行動と定義されている（Sparrow *et al.*, 2005；辻井・村上監訳，2014）。ここでは日本版 Vineland-II 適応行動尺度について紹介する。適応行動尺度も乳幼児期に使用すれば，有効な発達アセスメントツールになるためである。

　日本版 Vineland-II 適応行動尺度は，「コミュニケーション領域」，「日常生活スキル領域」，「社会性領域」，「運動スキル領域」，「不適応行動領域」の 5 つの領域で構成され，0 歳〜 92 歳までの幅広い対象者に実施できる。検査の実施は半構造化面接にて行い，評価対象者の日常をよく知っている成人から聴取する。聴取する適応行動の領域は年齢によって異なり，運動スキルは評価対象者が 6 歳まで実施する，読み書き領域は 3 歳以上，家事領域は 1 歳以上から実施可能となる。各項目の評価方法はその行動が習慣的にみられる場合は 2 点，その行動が時々みられたり，サポートを受けてできる場合は 1 点，その行動がめったにみられず不十分である場合は 0 点と評定する。評定のポイントは，できるかどうかという能力ではなく，実際にその行動を行っているかどうかという点であり，そこに検査者の注意が必要となる。基本的には対象者の暦年齢に関する項目を中心に聞いていく。下限・上限の中止ルールは，上限では 0 が連続 4 項目続いたところ，下限においても 2 が連続 4 項目続いたところで中止する。標準データに基づいた標準得点（総合得点と V 得点）が算出でき，適応行動の発達水準と各領域間のバランスが把握できる点が大きな特徴であり，臨床的有用性が高い検査である。

（3）個別式発達検査

　子どもを対象にした個別式検査による発達検査は現在のところK式発達検査2001（Kyoto Scale of Psychological Development 2001）が広く使われている。1951年に嶋津・生澤ら京都市児童院の研究チームによって開発され，標準化・改定が重ねられている発達検査である。現在，多くの医療機関・福祉機関等で利用されており，日本で最もよく使用されている個別式発達検査の1つである。

　検査内容は，Gesellの発達診断やBuhlerの発達検査，ビネー式知能検査から項目を採用し，日本の児童を対象に標準化された。検査の実施スタイルは，子どもの興味を引くおもちゃ道具を使って，乳幼児がそれらをどのように扱うか，検査者の教示に対してどのように反応するかなど子どもの行動を観察し，それらの行動がどの年齢水準にあるかを評価する（清水，2014；畠垣，2015）。

　本検査は，精神発達のさまざまな側面を，「姿勢・運動領域（Postural-Motor Area；P-M)」，「認知・適応領域（Cognitive-Adaptive Area；C-A)」，「言語・社会領域（Language-Social Area；L-S)」に関する構造化された検査場面を設けて，子どもの反応を観察・記録する。その結果から各領域の育ちや領域間のバランスを評価し，今後の支援に役立てることが大きな目的である。検査用紙は，第1葉（0歳0カ月〜0歳6カ月未満），第2葉（0歳6カ月〜1歳0カ月），第3葉（1歳0カ月〜3歳0カ月），第4葉（3歳0カ月〜6歳6カ月），第5葉（6歳6カ月〜14歳0カ月），第6葉（10歳0カ月〜成人Ⅲ）となっている。臨床的な視点で，検査用紙に工夫が施されており，例えば同じ検査課題となる問題は原則として横並びに配列されている点，用紙間も連続性があり，横に並べたときに定型発達者の50%が通過するとされる年齢区分に検査項目ができるだけ連続するように構成されている点などが挙げられる。

　実施時は，検査用紙の対象となる子どもの年齢級の上に矢印を付ける。課題の通過には＋を，不通過には−を付けていき，その＋と−の境目に線を引いていくことで，それが発達プロフィールとなる。検査結果は領域別の発達年齢・指数と全領域の総合的な発達年齢・指数で報告されている。全領域発達指数・各領域のDQから発達のバランスを評価する。例えば知的能力障害の子どもの場合，認知・適応領域と言語・社会領域が並行して遅れを示すことが多いのに対して，自閉症スペクトラム障害の子どもの場合は認知・適応領域よりも言語・社会領域がより遅れることが多い（村上，2012；中井，

2012)。つまり，領域間や領域内でも各検査項目間にバラツキがある場合に，子どもが発達障害特性を抱えている可能性があることを踏まえておく必要がある。

　その他に田中ビネー知能検査Ｖや KABC-II が知能検査・認知検査として有名であり，就学前のアセスメントとして重要な役割を担っている。田中ビネー知能検査Ｖは２歳から成人が対象であり，乳幼児期の場合は「発達チェック」，「年齢尺度」を用いて実施できるため就学前の全体的な認知発達のアセスメントによく利用される。KABC-II は，2歳半から18歳までを対象とし，ルリアの臨床的・神経心理学的理論に依拠した多くの認知的課題が用意されている。子どもの認知における得意不得意を明確にすることができ，個別支援計画のための資料として子どもの詳しい認知特性を把握する場合にも，示唆を得ることができる。

　以上，発達検査について紹介してきたが，こうした検査を用いる場合，総合指標である発達指数や発達プロフィールから読み取れる能力のバランスだけではなく，Ｋ式発達検査でいう各項目の通過－不通過項目や，通常の発達検査の「時々できる」の項目，つまり「あと少しで獲得できそうな項目」にも着目してほしい。なぜなら，そこに発達支援につながるヒントが隠れているからである。

3．発達検査の意義

　我々はなぜ，子どもに発達検査をする必要があるのだろうか？　またなぜ，子どもの発達を学ぶ必要があるのだろうか？　それは，大人が子どもの子育て，保育，教育を有効に進めていくためにヒトはどのように発達していくのかを知る必要があるためである。発達理論を学習して，発達検査をすることによってその子の現状を理解することができる。

　子どもの発達を進めていく２つの力のうち，１つは「○○したい」，「○○できるようになりたい」という子ども自身の欲求である（白石，1994）。もう１つの力は，子どもの欲求を高めるような（楽しい・がんばればなんとか手が届きそうな）活動であり，教育・保育する大人によって提供される課題である。発達検査・発達理論を学習する意義は，子どもの発達の現状と発達の一歩先を行く活動を知ることにある（白石，1994）。このように見ていくと Vygotsky（1935）の発達の最近接領域（ZPD：Zone of Proximal Development）とつながる。ZPD を筆者なりに要約してみよう。ヒトが新

しいことを学習するときに，「自力でできる部分」と「他者が少し手助けを
してできる部分」がある。その２つのレベルの重なりにあたる領域（近い将
来できるかもしれない部分）が発達の最近接領域である。すなわち私たち心
理職は，アセスメントを通してその子の発達の最近接領域を見つけ出すこと
が，発達のアセスメントの業務であるといえよう。

　　文　　　献

畠垣智恵（2015）２．精神発達検査．臨床精神医学，**44**, 145-150.
石川道子（2015）そうだったのか！　発達障害の世界：子どもの育ちを支えるヒント．中
　　央法規．
伊藤大幸・浜田恵（2017）保育・指導要録のための評価シート TASP．スペクトラム出版
　　社．
村上貴孝（2012）発達指数の評価．小児科診療，**5**, 739-745.
明翫光宜（2019）発達検査．In：津川律子・遠藤裕乃編：心理的アセスメント．遠見書房，
　　pp. 121-133.
永田雅子（2014）その他の知能検査・発達検査．In：辻井正次監修・明翫光宜編集代表：
　　発達障害児者支援とアセスメントのガイドライン．金子書房，pp. 107-113.
中井靖（2012）新版K式発達検査2001を用いた自閉症児における言語能力と非言語能力
　　のばらつきの評価．小児保健研究，**71**(6), 817-821.
PNPS開発チーム（2018）Positive and Negative Parenting Scale：PNPS（肯定的・否
　　定的養育行動尺度）マニュアル．金子書房．
清水里美（2104）新版K式発達検査．In：辻井正次監修・明翫光宜編集代表：発達障害児
　　者支援とアセスメントのガイドライン．金子書房，pp. 87-90.
白石正久（1994）発達の扉 上：子どもの発達の道すじ．かもがわ出版．
Sparrow, S. S., Cicchetti, D. V., & Balla, D. A. (2005) *Vineland Adaptive Behavior Scales*
　　Second Edition: Arevision of the Vinland Social Maturity Scale by Edger A. Doll. NCS
　　Person.（辻井正次・村上隆監修（2014）日本版 Vineland Ⅱ適応行動尺度面接フォ
　　ームマニュアル．日本文化科学社．）
Stern, D. N. (1985) *The Interpersonal World of the Infant: A View from Psychoanalysis and*
　　Developmental Psychology. Basic Books.（小此木啓吾・丸田俊彦監訳・神庭靖子・神
　　庭重信訳（1989）乳児の対人世界：理論編．岩崎学術出版社．）
滝川一廣（2012）発達をどのように見るか．In：青木省三・村上伸治編：専門医から学ぶ
　　児童・青年期患者の診方と対応．医学書院．
滝川一廣（2017）子どもたちのための精神医学．医学書院．
Vygotsky, L. S. (1935) Умственное развитие ребенка в процессе
　　обучения．（土井捷三・神谷栄司訳（2003）「発達の最近接領域」の理論：教授・
　　学習過程における子どもの発達．三学出版．）

発達障害に関する検査

　わたしたちは，なぜ心理アセスメント業務において，発達障害特性を把握する必要があるのだろうか？　それは，クライエントの心理的支援に役立たせるためである。しかし，発達障害特性の把握になると「この子は発達障害ではない」「過剰診断である」「この子を障害児にしたいのか？」など，診断をめぐって関係者でも意見が異なったり，また混乱することもある。そもそも心理アセスメントは，その人の心理学的支援に役立つためにあり，発達障害に関する検査も例外ではない。

Ⅰ．社会モデルとしての発達障害とアセスメント計画

　心理アセスメントを心理学的支援につなげるために，心理職は次の2点を心に留めておきたい。1つは診断について，我が国では2016年に施行された障害者差別解消法にあるように，障害や診断名を持つ方から何らかの配慮を求める意思表明があった場合，求められた側の負担になり過ぎない範囲で，社会的障壁を取り除くために必要で「合理的配慮」を行うことが求められているということである。これを踏まえると，診断名には「適切な支援を受ける権利の表明」という側面があることを，忘れないでおきたい。

　もう1つは，障害という概念における，「社会モデル」の視点である。まず，歴史的な経緯から説明すると，1980年にWHOが発表した「国際障害分類（ICIDH : International Classification of Impairments, Disabilities, and Handicaps）」において，疾患に関する現象が以下の3つの視点で捉えられた。disorder/impairment（器質的な変調・機能障害），disabilities（能力障害），handicaps（社会的不利）の3分類である。これは「医学モデル」と呼ばれる。このモデルは，ある疾病によって機能障害が発生し，それによって社会的不利がその人に起きるという考え方である。つまり，障害の発生について，個人の側の問題⇒社会的マイナス，という因果関係を想定している。したがって，その人のdisabilitiesをいかに改善していくかという考えのもとに支援が行われていた。しかし，障害を持っていることが即社会的不

27

利になるわけではないこと，社会参加の度合いも個別性が高いことから，このモデルに適合できない事例が多くみられた。

　そこで2001年にWHOは国際障害分類の改定を行い，「国際生活機能分類（ICF : International Classification of Functioning, Disability and Health)」を提案した（図3-1)。それに伴うポイントを，発達障害を例にしながら，以下にまとめる。

　まず1つ目に，ICIDHとは異なり，個人の活動に影響を与える因子を多角的に捉え，障害であるかどうかも含めたその人の活動や参加の質に大きな影響を与えるのは，個人と環境の相互作用であるとした点である。2つ目は，「身体構造・心身機能」を発達障害の因子と考えると各人共通している部分が多いが，「活動」と「参加」については個別性が高いということである。3つ目に，ある程度「身体構造・心身機能」が同じだとすると，活動と参加の個別性は，「環境因子」に左右される部分が少なくないということである。障害者差別解消法で定められた合理的配慮の提供は，この環境因子に含まれるものである。

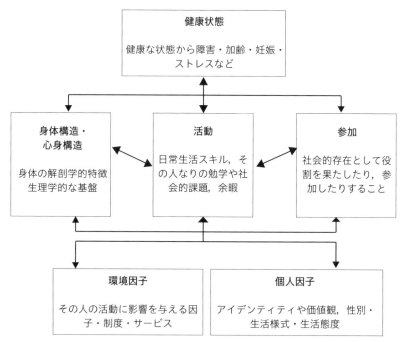

図 3-1　ICF の構成要素間の相互作用（厚生労働省，2022 をもとに筆者が加筆）

　したがって，発達障害支援では，周囲の理解と環境の配慮が，とりわけ重要なのである。

　以上のことを踏まえ，発達障害が疑われるクライエントが来談した場合の心理アセスメント計画をまとめると，次のようになる（図3-2）。発達障害特性があるということは，①主訴（現在抱えている問題・課題）を「心の中」だけの問題ではなく，脳の特性と環境との相互作用の結果と捉えて，その関係性を改善する支援の手立てを考えること，②クライエントに支援の手立てを実施し，日常生活における適応行動の獲得とその評価を繰り返すこと，などがポイントになる。

　図3-2のように発達障害児者の心理学的支援には，多角的視点が求められる。これが有効に機能するためにも，次項に述べる発達障害特性がそれぞれどの程度みられるのか，感覚過敏などの環境上の配慮が必要となる特性はみられるかどうか，というアセスメントが必要となる。発達障害のアセスメン

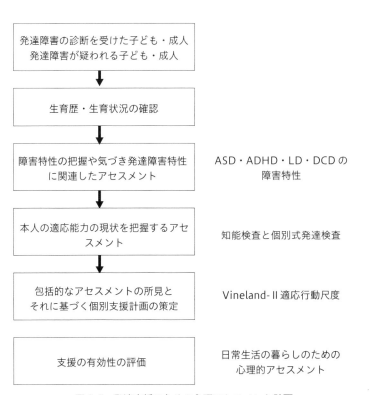

図3-2　発達支援のための心理アセスメント計画

トに関しては，この 10 年あまりでモデルもアセスメントツールも大きく変化し，新しい時代に突入した。

Ⅱ．発達障害特性と心理アセスメントの関係

（1）知的障害

　知能検査において測定される知的能力の制限と，適応行動に課題が生じる。知的能力は脳機能によってコントロールされているが，その能力は日常生活における具体的行動として表現される。したがって，社会的適応を考えていくために，「発達検査」で解説した適応行動の水準をみる視点は非常に重要である。適応行動をアセスメントするツールとして主に用いられるのは，日本版 Vineland-II 適応行動尺度である。知的障害がある場合は，適応行動についてかなり細かな視点でみる必要があると同時に，他の発達障害が併存するかどうかも把握することが必要である。

（2）自閉症スペクトラム障害（ASD）

　社会的コミュニケーションの課題，こだわり，感覚の敏感性と鈍感性がある障害である。ASD を持つ人には，認知の特異性（全体統合性理論やこころの理論，遂行（実行）機能障害など）があることが，認知心理学の研究から明らかになっている。認知の特異性とは，臨床的には，ASD 者の認知は状況のある一部のみに深く・狭く焦点があたる。そのため状況の全体的な把握が難しくなるという状態としてみられる。これが状況判断のミスやそれに伴う誤学習が起きやすくなる要因である。この認知特性については，児童向けウェクスラー知能検査（WISC）や KABC-II などのアセスメントツールのプロフィールや回答例から，推測することができる。大切なのは，知能検査のプロフィールや一つひとつの回答例から読み取れた認知特性が，実際の学習課題や日常生活の行動においてどのように表れるか，またどのような影響を受けやすいのかを推測する視点であり，これらが個別支援計画の作成に有用な資源となるのである。

　また，ASD の適応行動のアセスメントにも，日本版 Vineland-II 適応行動尺度が必須ツールである。なぜなら，ASD を持つ人は，知的能力と適応行動に大きな乖離があることを，多くの先行研究が明らかにしているからである（黒田，2018）。つまり，知能検査で高い数値を示しても，適応行動尺度でしか測れない，支援が必要な生活の課題がみられる場合も多い。この尺度を用

いるにあたっては，適応行動を広くかつ細かくとらえ，どこまでができていて，どこからができていないかの境界を丁寧に把握することが望まれる。それにより「サポートがあればできる次の課題」の水準を把握することができる。くわえて，ASD には注意欠如・多動性障害（ADHD），限局性学習障害（SLD），発達性協調運動障害（DCD）が併存することがあるので，アセスメントの際は，多角的に特性を捉える視点が求められる。

（3）注意欠如・多動性障害（ADHD）

　障害特性は不注意と多動−衝動性の 2 軸から捉えられる。ADHD を判断する上で必要な点としては，DSM にもあるように，いくつかの特徴的な症状が 2 つ以上の状況でみられることである。つまり，アセスメントにおいてもさまざまな状況（子どもなら学校と家庭など）において，同様の症状があることを把握する必要がある（広瀬，2016）。さらに，基本症状である不注意や多動−衝動性を明らかにするだけでなく，遂行（実行）機能，学習や友人関係への影響，反抗挑戦性障害や素行障害など，実生活における多様なリスクの程度も明らかにしておきたい。

　子どもの ADHD の診断では，保護者と教師からの報告に依存する，いわば他者評価が主な判断材料となる。一方，昨今注目される大人の ADHD の診断については，家族からの情報も重要であるが，クライエント本人から得る症状の自己報告がさらに重要になる（中村，2015）。また ADHD 症状も環境から影響を受けるため，学校や仕事，結婚，精神科既往歴などの生育歴を理解することが必要となる（中村，2015）。アセスメントの基本は他者評価ないし自己記入式の質問紙になるが，注意機能のアセスメントとしては神経心理学的検査を使用することもある。具体的には高次脳機能障害学会によって開発された標準注意検査法（Clinical Assessment for Attention ; CAT）と WCST（Wisconsin Card Sorting Test）があり，牛島（2016）による ADHD へのアセスメントの活用例が参考になる。

（4）限局性学習障害（SLD）

　読み書き・計算などの特定の学習スキルに，極端な苦手さを呈するものである。DSM-5 の診断基準では，実際の学習スキルと暦年齢から推定される習熟度の間に，定量的に著明な乖離を示し，それが日常生活や学業および職業生活に障害を認める水準にあるとしている。その状態像において，不適切な教育的指導などの環境要因を除外するためには，後述する文字習得に関連

する認知能力の精査が必要と考えられている（宇野，2017）。SLD のある人には，苦手な認知特性を代償するための，視覚的情報処理あるいは聴覚的情報処理の優位性があり，学習支援ではその「長所」を活用して苦手を補っていくことがポイントである。その認知特性を把握するには，スタンダードな知能検査や KABC-Ⅱ などによるアセスメントが必要である。また，SLD を含めた発達性読み書き障害を抱えている子どもの知的能力のアセスメントには，簡易的にレーブン色彩マトリックス検査が使われることが多い。この検査は元来推論力を測定する検査であるが，WISC との相関が高いこと，運動の巧緻性の影響が少ないなどの理由から，適用されるようになった（宇野，2017）。なお，正確な診断につながる心理アセスメントについては，知能検査のみでは困難なことが多く，次項Ⅲに紹介するアセスメントツールの活用が望まれる。

（5）発達性協調運動障害（DCD）

　運動の構成を司る脳機能の問題からくる苦手特性であり，一般に「不器用」といわれる状態として現れる。協調とは，視知覚・触覚・固有覚・位置覚などの感覚入力から，出力である運動制御までの一連の脳機能を示す（中井，2014）。DCD では，特に手先の協調運動の問題は，就労スキルにも関連するために，力の入れ方などを丁寧に個別で指導していく必要がある。協調運動については，わが国で利用可能なアセスメントツールは非常に少なく，いくつかのツールの組み合わせか，１つのテストの部分的な結果から，状態を把握するしかない。日本版 Vineland-Ⅱ 適応行動尺度では，他者評価で粗大運動・微細運動について把握ができ，田中ビネーやK式発達検査，WISC の〈動作性検査〉における行動観察も参考になろう。

　以上みてきた発達障害は，各発達領域が生物学的な事情でゆっくりとした歩みをするため，各領域の発達水準を見極める細かな視点のアセスメントと，それに応じた丁寧な支援をしなければならない。苦手特性は日常生活の行動として表現され，そして苦手特性を抱えた人は社会の中で生活している。つまり，図 3-1 の社会モデルや図 3-2 のアセスメント計画を参考にしつつ，日常生活での様子も思い浮かべながら，アセスメントや支援を行っていくことが重要である。

Ⅲ．発達障害特性に関するアセスメントツール

（１）発達障害特性に関する全般的な検査

発達障害全般の特性を大まかに把握する検査は，TASP の他に，MSPA（Multi-dimensional Scale for PDD and ADHD：発達障害の要支援度評価尺度）がある（船曳ら，2013）。発達障害特性の評価が診断のみで終わらず，効果的に支援の現場につながることを目的に開発された，特性別要支援度のレーダーチャートである。項目は自閉症スペクトラム障害特性（コミュニケーション，社会的適応，共感性，こだわり，感覚，反復運動），注意欠如・多動性障害特性（不注意，多動，衝動性），発達性協調運動障害特性（粗大運動，微細協調運動）の他，睡眠リズム，学習，言語発達の 14 項目から構成されている。評定基準は９段階となっている。結果は，１）特に該当なし，２）多少該当するがサポートの必要がない，３）集団で過ごすにはキーパーソンからのサポートが必要，４）集団で過ごすには関わる人皆からのサポートが必要，５）個人が快適に過ごせるような環境が優先される，およびそれぞれの段階の中間点を含めて評定される（例：3 に満たない場合は 2.5 など）。この検査の特徴は発達障害特性の多元性を，レーダーチャートで視覚的に示すことができる点にある。

（２）自閉症スペクトラム障害（ASD）のアセスメントツール

ASD の障害特性の把握は，子どもの個別支援において，どのような配慮が必要かを考える上で重要である。３歳未満の乳幼児期であれば日本語版 M-CHAT（The Japanese version of the Modified Checklist for Autism in Toddlers）が有用である。M-CHAT は 16 〜 30 カ月の乳幼児に対して ASD のスクリーニング目的で使用される，親記入式の質問紙である。共同注意，模倣，対人的関心，遊びなどのノンバーバルな社会的行動に関する 16 項目を主要な構成項目があり，スクリーニングの他にも，１歳半までの社会的行動の発達に関する発達検査としても使える（神尾，2010）。３歳以上になると PARS-TR（Parent-interview ASD Rating Scale-Text Revision）が有用である。養育者を対象に半構造化面接にて行い，子どもの発達経過のうち気になる行動（自閉症スペクトラム障害特性）について聞いて，０「なし」，1「多少目立つ」，2「目立つ」で評価をしていく。臨床的な活用法について安達（2016）は，PARS-TR では，スクリーニングだけではなく，症状を変

　動させうる環境条件も並行して聞くと，個別支援にも有用であると述べている。質問が適応困難性の項目で構成されるため，受動型の ASD 者を対象に聴取すると，低得点になる傾向があることも知っておく必要がある。

　児童期や成人期でのスクリーニングツールとしては，AQ（Autism-Spectrum Quotient）がある。AQ は知的障害を伴わない ASD 者を対象とした質問紙で 50 項目からなり，ASD の主症状（社会的スキル・注意の切り替え・細部への関心・コミュニケーション・想像力）の程度を測定できる。日本語版である AQ-J には成人版と児童版があり，成人版（16 歳以上）は本人に，児童版（4 〜 11 歳）は保護者に回答をしてもらう。なお，AQ-J には短縮版があり 21 項目版と 10 項目版がある。その他によく使われる質問紙に，対人応答性尺度（SRS：Social Responsiveness Scale）がある。この尺度は，ASD の対人交流に関連する行動（対人的気づき・対人認知・対人コミュニケーション・対人的動機づけ・自閉的常同症）65 項目を，他者評価により定量的に行うことができる（松島・加藤・新井，2012；内山，2018）。この尺度の最大の特徴は，対人コミュニケーションに特に焦点を当てている点と，社会的コミュニケーションを定量的に測定するため臨床閾下ケースを把握する点にあるといえる（黒田，2014）。

　SCQ（Social Communication Questionnaire）は，ASD 診断のゴールドスタンダードといわれている，後述の ADI-R と ADOS のスクリーニングとして使用されている質問紙である。「誕生から今まで」と「現在」の 2 種類があり，ASD 特性についての質問 40 項目から構成されている。それぞれの質問紙の目的は，「誕生から今まで」は診断の方向性を探ること，「現在」は現状での問題や困難を把握することにあるとしている（黒田，2014）。また SCQ の特徴は，その他の質問紙とは異なり，ASD ではない人にはまれにしか見られない行動に注目している点である（Rutter et al, 2003；黒田・稲田・内山監訳，2012）。そのため，ASD 特性がどの程度あるかという定量的なアセスメントには向いていない。

　そして，比較的簡易に実施できるスクリーニングツールとして，自閉症スペクトラムスクリーニング質問紙（ASSQ：Autism Spectrum Screening Questionnaire）がある。特に ASSQ 日本語版（独自の興味・社会性・友人関係・癖／こだわり）は，他の質問紙に比較して項目数が 27 項目と大幅に少なく，無償使用が可能である。さらに伊藤ら（2014）の研究で 3 下位尺度（独自の興味・社会性・友人関係）11 項目からなる ASSQ 短縮版も開発されている。

　なお，より専門性が高いアセスメントツールとして ADI-R(Autism Diagnostic Interview-Revised) や ADOS-2(Autism Diagnostic Observation Schedule-Second Edition) がある。これらは，海外の著名な心理学者や児童精神科医によって，診断の妥当性を担保するために研究用に開発されてきたものである。診断のゴールドスタンダードと評価されているように，臨床的にも非常に有効な検査である（黒田，2019）。

　その他，不適応行動と感覚処理の問題には関連があることから，感覚の特性について評価できる，SP 感覚プロファイル（Sensory Profile）も知っておきたい。この尺度は発達障害の感覚処理の問題に関する評価を行うものであり，感覚の過敏性だけでなく，鈍感さや身体的なバランスなど，多角的な視点から評価することができる。

（3）注意欠如・多動性障害（ADHD）のアセスメントツール

　Conners 3, ADHD-RS などが有用である。それぞれの特徴は, Conners 3 は ADHD 症状から遂行（実行）機能・学習の問題・友人関係・反抗的態度など関連症状まで把握できること，ADHD-RS は DSM に対応しており，かつ質問項目が少ないので素早く把握するのに適していることである。

　ただし，いずれも 6 歳からの評定であり，乳幼児期に限定したものはほとんどみられない。そのため, 幼児期であれば TASP や MSPA の評定システムの中でアセスメントをすることが望ましいだろう。

　大人の ADHD の評価ツールもいくつか開発されている。無償で手軽に使用できるのは ASRS-Screener (Adult ADHD Self Report Scale-Screener) である。DSM-IV 診断基準に対応した内容の 6 項目から構成されている。カットオフ値が 4 点以上であれば, 大人の ADHD の可能性があり, 詳細な検討が望まれる。より細かくみることができるツールは大きく分けて，質問紙と半構造化面接法である。質問紙には CAARS(Conners' Adult ADHD Rating Scales)™ 日本語版がある。この尺度には自己記入式と観察者評価版があり，注意不足／記憶の問題，多動性／落ち着きのなさ，衝動性／情緒不安定といった主症状の他，自己概念の問題なども評価できる。半構造化面接の技法としては, CAADID(Conners' Adult ADHD Diagnostic Interview for DSM-IV)™ 日本語版がある。詳しくは CAADID™ 日本語版マニュアルを参照いただきたいが，特徴としてパート I（生活歴）とパート II（診断基準）に分かれており，家族歴，既往歴，生活歴，現病歴や，子どもの頃の状況，さらに現在の状況を細かく確認できることをあげておく（中村，2015）。

（4）限局性学習障害（SLD）のアセスメントツール

SLD のアセスメントとして，読み書き障害に関するアセスメントツールが近年開発されており，質問紙法と直接検査法とに分かれる。質問紙法にはLDI-R(Learning Disabilities Inventory-Revised) がある。簡便さが大きな利点であるが記入者の観察に結果が依存する点，認知能力を測定していないため環境要因により学習が遅れている児童も SLD と過剰に判断してしまう点が課題になっている（宇野，2017）。

　直接検査法には，目的に応じて多くの種類の検査がある。読み書きの習得度検査の代表例として STRAW-R（標準読み書きスクリーニング検査）がある。この検査は漢字・カタカナ・ひらがなそれぞれの正確性について音読と書字を評価できる唯一の検査である。その他，音読の流暢性が評価できる検査として「特異的発達障害－臨床・評価のための実践ガイドライン」がある。この検査は現在唯一保険診療の対象となっている検査である（宇野，2017）。なお，視知覚認知検査として Rey 複雑図形検査（ROCFT : Rey-Osterrieth Complex Figure Test）や WAVES(Wide-range Assessment of Vision-related Essential Skills）なども活用することができる。

（5）発達性協調運動障害（DCD）のアセスメントツール

　現在利用可能な質問紙に DCDQ 日本語版（Developmental Coordination Disorder Questionnaire) がある。これは 15 項目からなり，動作における身体統制・微細運動／書字・全般的協応性の 3 つの下位尺度からなり，得点が高いほど協調運動機能が高いことになる（中井，2014）。

　子どもへの直接検査による協調運動のアセスメントは，日本版ミラー幼児発達スクリーニング検査（JMAP）や日本版感覚統合検査（JPAN）がある。JMAP は平衡機能，協調運動障害，運動行為機能を評価でき，JPAN は感覚統合機能の姿勢・平衡機能，体性感覚識別，行為機能，視知覚・手と目の協応が評価できる（岩永，2014）。

　中井（2019）によれば，現在国際的な発達性協調運動障害のアセスメントツールの日本語版（Movement-ABC2, MOQ-T, Little DCDQ）の開発研究が進んでおり，今後，発達性協調運動障害のアセスメントツールが充実し，支援につながる子どもが増えていくと思われる。

Ⅳ．発達障害特性検査の必要性

　発達障害特性は，知能検査や描画法など，従来より使用されているアセスメントツールから推測することが多かった。しかし，近年では海外で活用されている発達障害特性に特化したさまざまなアセスメントツールの日本語版が開発され，利用可能になっている。発達障害の疫学研究から決して少なくない有病率が報告されており，発達障害は身近な存在になっている。我々は，対人関係および学校適応・職場適応の問題として心理職のもとに来談するクライエントの背景に，発達障害特性がある可能性を常に考えておく必要がある。そして多くの発達障害特性を抱えているクライエントに的確な支援が届くために，本章で紹介したアセスメントツールに親しんでおく必要があろう。

文　　　献

安達潤（2016）発達障害のアセスメント2　自閉症スペクトラム障害のアセスメント　ASDのスクリーニング③ PARS．臨床心理学，16(1)，19-22.

船曳康子・廣瀬公人・川岸久也・大下顕・田村綾菜・福島美和・小川詩乃・伊藤祐康・吉川左紀子・村井俊哉（2013）発達障害の特性理解用レーダーチャート（MSPA）の作成，および信頼性の検討．児童青年精神医学とその近接領域，54(1)，14-26.

広瀬宏之（2016）ADHD 必要な検査．In：平岩幹男編：データで読み解く発達障害．中山書店，pp. 39-40.

伊藤大幸・松本かおり・高柳伸哉・原田新・大嶽さと子・望月直人・中島俊思・野田航・田中善大・辻井正次（2014）ASSQ 日本語版の心理測定学的特性の検証と短縮版の開発．心理学研究，85(3)，304-312.

岩永竜一郎（2014）感覚と運動のアセスメント：JMAP と JPAM．In：辻井正次監修・明翫光宜編集代表：発達障害児者支援とアセスメントのガイドライン．金子書房，pp. 265-271.

神尾陽子（2010）いま発達障害をどうとらえるか．地域保健，41，24-31.

黒田美保（2014）ASD のアセスメント（総括）．In：辻井正次監修：発達障害児者支援とアセスメントのガイドライン．金子書房，pp. 214-221.

黒田美保（2018）Vineland-II 適応行動尺度．In：子ども・大人の発達障害診療ハンドブック：年代にみる症例と発達障害データ集．中山書店，pp. 274-276.

黒田美保（2019）ADOS-2　自閉症診断観察検査日本語版第2版．In：下山晴彦・伊藤絵美・黒田美保・鈴木伸一・松田修編：公認心理師技法ガイド：臨床の場で役立つ実践のすべて．文光堂，pp. 160-163.

厚生労働省（2002）国際生活機能分類―国際障害分類改訂版―（日本語版）の厚生労働省ホームページ掲載について．(https://www. mhlw. go. jp/houdou/2002/08/h0805-1. html)（取得 2019 年 5 月 15 日）

松島佳苗・加藤寿宏・新井紀子（2012）対人応答性尺度（Social responsiveness scale：SRS）日本語版に関する日米の定型発達児データの比較研究．小児科臨床，65，303-309.

中井昭夫（2014）協調運動機能のアセスメント：DCDQ-R Movement-ABC2（M-ABC2）．In：辻井正次監修・明翫光宜編集代表：発達障害児者支援とアセスメントのガイドライン．金子書房，pp. 257-264.

中井昭夫（2019）発達性協調運動障害の検査．In：下山晴彦・伊藤絵美・黒田美保・鈴木伸一・松田修編：公認心理師技法ガイド：臨床の場で役立つ実践のすべて．文光堂，pp. 220-227.

中村和彦（2015）大人のADHD：症状と特徴，疫学，アセスメント．児童青年精神医学とその近接領域，56(3), 307-315.

Rutter, M., Bailey, A. & Lord, C. (2003) *The Social Communication Questionnaire Manual.* Western Psychological Services.（黒田美保・稲田尚子・内山登紀夫監訳（2012）SCQ日本語版マニュアル．金子書房．）

内山登紀夫（2018）質問紙（AQ. SRS）．In：子ども・大人の発達障害診療ハンドブック：年代にみる症例と発達障害データ集．中山書店，pp. 252-254.

宇野彰（2017）限局性学習症（学習障害）．児童青年精神医学とその近接領域，58(3), 351-358.

牛島洋景（2016）神経心理学的検査．In：ADHDの診断・治療指針に関する研究会・齊藤万比古編：注意欠如・多動症：ADHDの診断・治療ガイドライン．じほう，pp. 91-95.

養育者の評価

I.　はじめに

　発達障害臨床は，診察室や面接室のなかだけではなく，日常生活そのもの
が療育の場になる。そのため支援者は，日常生活で関わる養育者（特に母親）
が共同治療者となるように関わっていくことを目指している。一方で，養育
者のメンタルヘルスが不調の場合は，子どもが示す問題行動との相互作用か
ら悪循環が高じて虐待のリスクも高まる。このように発達障害臨床において
は，子どものアセスメントと養育者に対するアセスメントを同時並行で行い
ながら介入することが必要である。そこで本稿では，養育者のアセスメント
に必要な研究知見を紹介しながら，実際にどのようにアセスメントを行うか
について述べる。

II.　養育者のストレスについて

　発達障害の家族研究は，これまでも数多く報告されている。ここでは養育
者のストレスについて最近の研究を中心に紹介する。発達障害のなかでも自
閉症スペクトラム障害（以下，ASD）の子どもをもつ母親の養育上のストレ
スが高いことは，国内外を問わず繰り返し報告されている。この養育者のス
トレスの高さは，QOL の低下や抑うつなどといったメンタルヘルスの悪化に
もつながってくる。
　例えば Hastings（2003）は，18 組の夫婦を対象に，父親と母親のメンタ
ルヘルスと，それらの相互関係について検討した。その結果，両親間でスト
レスや抑うつの程度について大きな差は認められなかった。しかし，子ども
の問題行動と父親のメンタルヘルスは母親のメンタルヘルスと関連があった
が，子どもの問題行動と母親のメンタルヘルスは父親のメンタルヘルスと関
連が見られなかったという結果が示された。そこで Hastings（2003）は，
母親のメンタルヘルスは家族のメンタルヘルスの影響を受けるが，父親のメ

ンタルヘルスは他のストレッサーの影響を受けると考察した。この研究から養育者のなかでも母親のメンタルヘルスが影響を受けやすいことが明らかとなり，臨床的視点でも母親の支援が重要視されることと重なる。

　例えば Weiss（2002）では，母親の育児ストレスから生じる抑うつ，不安，身体的愁訴，バーンアウトなどの評価において，それぞれが自閉症群，精神遅滞群，定型発達群の順で高い得点を示したと報告がなされている。発達障害の種別による比較では，知的障害と ASD の子どもをもつ母親の心理的ストレスを比較した研究がいくつかあり，ASD の子どもをもつ母親においてメンタルヘルスの不調や心理的ストレスがより感じやすいと述べられている。

　しかし，ここで注意を要するのは，ASD の子どもは適切な対応がなされなければ，例えば過敏性などのさまざまな要因で問題行動が伴いやすいために，母親の心理的ストレスが高まるという点である。親のメンタルヘルスに影響を与えるのは ASD 児ではなく，子どもが示す問題行動である。

　実際に Bishop ら（2007）は，親のメンタルヘルスに影響を及ぼす要因が自閉症の重篤度や認知発達の遅れではなく，「適応行動の低さ」と「ソーシャルサポートの低さ」であることを報告している。他にも子どもの診断名，性差や発達の遅れよりも，子どもが示す情緒的行動的問題が母親のストレス，両親のメンタルヘルス，家族機能不全に影響を及ぼしていることが示され，家族への早期のサポートと介入が必要であると指摘する研究もある（Herring et al., 2006）。子どもの問題行動が示されるときは，家族の心理的ストレスが高くなり，養育者のメンタルヘルスに不調が起きやすい大変な時期であることを，臨床家は常に認識している必要があるだろう。養育上のストレスを緩和する要因を探る研究として，母親の人格特性とソーシャルサポートに関する研究がある。人格特性では例えば自己効力感やハーディネスといったものに注目した研究があり（例えば，Weiss, 2002），臨床的観点では養育者のもつ個人内のリソースとして介入の判断材料になる。自己効力感やハーディネスが高い状態であれば養育者をエンパワーして介入計画を立てていくことになるし，自己効力感やハーディネスが低い状態であれば養育者を支える社会的リソース（つまり，ソーシャルサポート）を活用した介入計画を立てていくことになろう。

　ソーシャルサポートについて，道原・岩元（2012）の調査では，幼児期の発達障害児をもつ親の場合，配偶者からの情緒的サポートと道具的サポートが少ないと母親の抑うつが高いこと，また専門家からの情報提供や日常での対応についての助言が少ないと感じている母親は抑うつが高いことを報告し

ている。また，専門家による支援が養育者のメンタルヘルスに与える影響について検討した研究もある。Tonge ら（2006）は，親教育と行動マネジメントによる介入（PEBM）群と親教育とカウンセリング群に対する 6 カ月の介入を行い，その効果を検討した。その結果，両群とも GHQ 精神健康調査世界保健機構版の結果が有意に改善し，特に PEBM 群が不安や不眠，身体的愁訴，家族機能においてより良い改善が示されたと報告している。

　以上の研究知見を概観すると，親のストレスは，子どもの問題行動・適応行動の低さやソーシャルサポートの不足と密接に絡み合っており，養育者のアセスメントの際に，親のメンタルヘルスと関連のある「子どもの問題行動」と「ソーシャルサポート」に常に目を配っておく必要があるといえる。

III．養育者の精神医学的問題について

　養育者のメンタルヘルスは，ストレスという視点だけではなく，精神医学的視点からも検討する必要がある。実際に発達障害臨床を行っている臨床家であれば，子どもの発達支援を行っていくなかで母親の精神疾患などに対する支援を並行して行うことは決してまれではない。実際に杉山（2012）の母子並行治療のための親のカルテデータでは，気分障害が 132 名中 51 名と一番多く，次に親自身が抱える発達障害が 132 名中 34 名であった。

　以下，それぞれについての研究知見を紹介して，アセスメントから支援につなげていく視点について述べていく。

（1）気分障害
　野邑ら（2010）の研究データによれば，BDI-II（ベック抑うつ尺度）の結果において ASD 児をもつ親の約 40％が抑うつ域，約 10％が重症と，一般の母親に比較して抑うつを呈する者が有意に多かったことを報告した。また抑うつには母親自身の養育環境や現在の家族機能といった環境因子が関与していることも明らかになった。これらの研究データから，ASD 児をもつ母親に抑うつ状態が起こりやすいことを認識して支援を行うことが必要となることがわかる。

　これまでの自閉症研究では，ASD の家族に気分障害や不安障害が多く認められると繰り返し報告されてきた。この抑うつ状態の起きやすさについて，養育者のストレスの高さが指摘されてきたが，その要因だけでこれだけ高頻

度で気分障害が発症することを説明するには無理がある。精神医学的研究の流れで，親の気分障害にストレス要因だけでなく，生物学的要因も関与することが指摘されている。例えば複数の研究でASD児をもつ母親には気分障害のエピソードが子どもの出生前からすでにあったという研究がある（例えば，Piven *et al.*, 1991）。

　養育者の抑うつが発達障害臨床で重要なのは，抑うつ状態がもたらす養育への影響のためである。野邑ら（2010）は，意欲や活動性の低下があると，母親が日常的な世話をすることはできても，子どもの気持ちを理解・受容しながら子どもの行動に根気よく付き合うことは難しいと指摘している。抑うつ状態は認知の問題をもたらし，養育を含めてさまざまなことがうまくいかないと感じさせて不安を高める。この状態に感情統制の問題や焦燥感からのイライラも加わると，ますます否定的な言葉を子どもに浴びせてしまうといったことにつながる（辻井ほか，2010）。また子ども虐待のリスクファクターにもなりうるので，常にアセスメントのターゲットになりうる。養育者の抑うつは，高頻度で起きながらも，意外に周囲や支援者に気づかれにくいという側面をもつ。なぜならば，子どもの適応状態が悪ければ母親自身の精神状態が良くなくても当然のこととして了解されて，正常な心理的反応として客観的評価がなされず，結果的に気分障害が見落とされがちとなるからである（野邑ほか，2010）。

　そのためにも心理臨床家は，BDI-Ⅱといったアセスメントツールを常に用意し，活用していくことが重要である。子どもの適応状態が大変なときほど，母親の精神状態は良くないのだが，実はそのようなときほど，自身の精神的不調を自覚するだけのこころのゆとりがなく，自分自身のSOSを発信して臨床家に打ち明けることも少なくなる。しかし，BDI-Ⅱの実施といった「母親のためのアセスメント」という場が提供されると，母親は自分の精神状態を振り返り，自分の精神状態の不調を整えることについて考えていく時間やゆとりをもつことができる。つまり，我々は子どもの適応状態が悪いときほど，臨床家が子どもへの介入と同時に「疲れていませんか？」と母親に問いかけてBDI-ⅡあるいはGHQを実施することが重要である。

（2）発達障害

　家族支援において養育者への対応に苦労する事例に出会うことは，発達障害臨床を行っているとそれほど珍しいことではない。臨床家が感じるその大変さは，前項の気分障害とは異なる側面をもつ。その母親への対応の困難さ

は，従来の知見では母親のストレス性の反応と考えられてきたが，それだけでは説明できず，むしろ子どもと同じような問題を抱えている場合が少なくないことが最近の研究で明らかになってきた。ASD の母子例では，浅井ら（2005）の研究で実際のデータが明らかにされた。そこでは 1,296 例の母子例のうち 36 例（2.8%）で母親に ASD の診断がついている。また精神科における治療歴のあるものは 18 例で，最も多い診断はうつ病の 14 例で，次いで境界性パーソナリティ障害 5 例，パニック障害 3 例，社会恐怖 1 例，全般性不安障害 1 例，統合失調症 1 例であったが，いずれも発達障害の可能性は指摘されたことがなく，ASD の診断については未診断の状態であったという。

　ASD の養育者の場合は，以下の点に留意するためにも把握が必要である。養育者自身にも認知の偏りがあるために子どもの療育の指導内容を日常生活に般化することが難しく，学校や保育園で対人トラブルなどの問題もあり，環境調整のための交渉が難しく，具体的な提案を必要とすることが多い（浅井ほか，2005）。さらに重要なこととして，ASD の母子例はネグレクトなどの子ども虐待のリスクが高まることである（杉山，2009a）。特に ASD の母親に気分障害の併存が生じた場合，虐待のリスクが非常に高まる（浅井ほか，2005）。ADHD を抱える養育者の報告もある。ADHD の母親の場合は，生来の不注意や衝動性が育児困難感や感情統制の困難や，子ども虐待へとつながる例があることが報告されている（芳賀・久保，2006）。杉山（2009b）によれば，成人 ADHD は特に子育て不全の問題が加わると，にわかに適応が悪くなると指摘している。さらに ASD と同様に，気分障害の併存が生じると，子どもに対する否定的な関わりが慢性的に持続するため注意を要する。

　母親が知的障害を抱えている場合も，子ども虐待事例のなかには少なからず存在することが報告されている（武市，2008）。これらの事例に共通した特徴として，武市（2008）は以下のことを指摘している。第 1 に，本人や家族も母親の知的障害を認識しておらず，家事や育児に多くのストレスを抱えていることである。例えば，泣き叫ぶ乳児に母親がパニックを起こし，罵声や体罰を加えること，家族の態度に嫌気がさし，体調不良を訴えて家事・育児を放棄して一日中メールやパチンコをすることなど，身体的虐待やネグレクトにつながっていた。第 2 に，精神疾患の併存が約 40%に認められたが，自分自身の精神状態に自覚が乏しく，精神科医療に繋がっていないことである。最後に母親自身も子ども時代に被虐待体験をもち，育児・生活ストレスが子どもの身体的虐待へと発展している点である。このようなケースの場合

は，まず夫や祖父母，保健師などのさまざまなサポートを活用して子どもを育てていくモデルが必要となり，次いで生活環境を整えることが優先される。

　このように母親自身に発達障害がある場合，支援の戦略が大きく変わるので，場合によっては母親の発達障害特性（例えば ASD の場合は PARS-TR, ADHD の場合は CAARS, Conners' Adult ADHD Rating Scale）などや知的能力のアセスメントが必要になることも考慮に入れる必要がある。

Ⅳ．おわりに──養育者のアセスメントの全体像

　これらの研究知見が示すように，親のメンタルヘルスは，子どものメンタルヘルスや発達に大きく影響を及ぼしている。また親のメンタルヘルスも子どもの精神状態や問題行動などから影響を受けており，いわば相互作用の関係が常にあるといえる。小野（2009）の児童精神医学の視点を参考に発達臨床心理学の視点からアセスメントの全体像を示すと図 4-1 のようになる。

　この全体像を基にアセスメントを行う際に，我々は養育者に対して何のアセスメントを常に念頭に置く必要があるだろうか。以下の 4 つの視点に基づいて整理してみる。

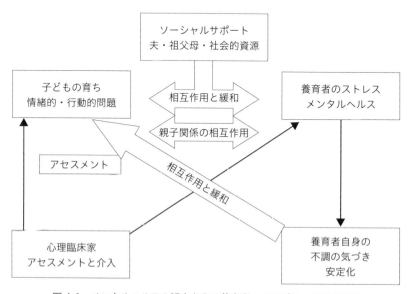

図 4-1　メンタルヘルスの観点からの養育者へのアプローチの全体像

（1）精神疾患の有無：母親の気分障害，不安障害などの評価を念頭に置く必要がある。気分障害は虐待のリスクファクターにもなるので特に注意が必要である。BDI-II や GHQ などの質問紙を活用することになろう。精神状態の客観的評価を共有し，養育者自身の介入につなげていくきっかけとすることが必要である。

（2）発達障害や人格特性：養育者を共同治療者とするべく，ペアレントトレーニングを行うか，それ以前に生活環境を整えるかといった方針を決めるためにも重要である。これまでの研究知見から母親自身の発達障害が子どもの問題の適応に影響を与えていることが明らかである。ASDや知的障害といった発達障害は，ネグレクトなどのリスクファクターにもなりうる。一方で，養育者の自己効力感やハーディネスなどのリソースはどの程度かを把握する必要がある。場合によっては発達障害特性を把握するアセスメントツール（代表的なものとして，ASD では PARS-TR，ADHD では CAARS など）を活用することも検討する。

（3）現在，親子関係で起きていること：虐待のリスクや緊張関係があれば緊急に介入する必要がある。また，（1）との関連で子どもの問題行動など養育者のメンタルヘルスに影響を与えていることがあるかどうかも確認する。

（4）環境因子の評価：今の養育者を支える家族（特に配偶者）はいるかどうか，また社会的リソースを活用できるかどうかを確認する。最後に，発達障害を含めた子どもの臨床は，子どものメンタルヘルスや適応行動，障害特性，知的能力などのアセスメントだけでなく，親のメンタルヘルスのアセスメントはもちろんのこと，時には障害特性，知的能力などのアセスメントも必要になる。さらに親子の相互作用も含めて親子を一体的にアセスメントし，その理解に基づいた支援が重要であるといえる。

文　　献

浅井朋子・杉山登志郎・小石誠二（2005）高機能広汎性発達障害の母子例の対応．小児の精神と神経，45(4)，353-362.

Bishop, S. L., Richler, J., Cain, A.C. *et al.* (2007) Predictors of perceived negative impact in mothers of children with autism spectrum disorder. *American Journal on Mental Retardation*, 112, 450-461.

芳賀彰子・久保千春（2006）注意欠陥／多動性障害，広汎性発達障害をもつ母親の不安・うつに関する心身医学的検討．心身医学，46(1)，75-86.

Hastings, R. P. (2003) Child behavior problems and partner mental health as correlates of stress in mother and father of children with autism. *Journal of*

Intellectual Disability Reaserch, **47**, 231-237.

Herring, S., Gray, K., Taffe, J. *et al.* (2006) Behavior and emotional problems in toddler with pervasive developmental disorders and developmental delay: Associations with parental mental health and family functioning. *Journal of Intellectual Disability Reaserch,* **50**, 874-882.

道原里奈・岩元澄子（2012）発達障害児をもつ母親の抑うつに関連する要因の研究；子どもと母親の属性とソーシャルサポートに着目して．久留米大学心理学研究，**11**, 74-84.

野邑健二・金子一史・本城秀次（2010）高機能広汎性発達障害の母親の抑うつについて．小児の精神と神経，**50**(4).

小野善郎（2009）子ども家庭相談に役立つ児童青年精神医学の基礎知識．明石書店．

Piven, J., Chase, G., Landa, R. *et al.* (1991) Psychiatric disorders in parents of autistic individuals. *Journal of the American Academy of Child and Adolescent Psychiatry,* **30**(3), 471-478.

杉山登志郎（2009a）そだちの臨床：発達精神病理学の新地平．日本評論社．

杉山登志郎（2009b）成人の発達障害：発達障害と精神医学．そだちの科学，**13**, 2-13.

杉山登志郎（2012）杉山登志郎著作集 3：児童青年精神医学の新世紀．日本評論社．

武市敏孝（2008）母親が知的障害と判定された家庭内児童虐待の検討．小児の精神と神経，**48**(2), 110-119.

辻井正次・杉山登志郎・望月葉子（2010）アスペルガー症候群：大人の生活完全ガイド．保健同人社．

Tonge, B., Brereton. A., Kiomall, M. *et al.* (2006) Effects on parental mental health of an education and skill training program for parents of young children with autism. *Journal of the American Academy of Child and Adolescent Psychiatry,* **45**(5), 561-569.

Weiss, M. J. (2002) Hardiness and social support as predictors of typical children, children with autism, children with mental retardation. *Autism,* **6**, 115-130.

生活困窮者支援におけるアセスメントの現状と課題

Ⅰ. 緒　　言

　わが国では，生活困窮者の生活を国が保障するための制度として生活保護と生活困窮者自立支援制度がある。池谷（2013）は，従来の生活保護行政においては，貧困に陥る原因を個人の責任として考える傾向が強かったこともあり，生活困窮者自立支援法のもとに保護廃止につながる就労支援を過度に重視し，就労の有無を個人の意欲，努力の問題としてしまう恐れがあったと指摘した。また，生活保護の権利を有していても，適切に権利行使ができない人々もいる。具体的には高齢（ならびに認知症），障害（精神障害，知的障害，発達障害）等により権利主張が困難な場合だけではなく，生活保護に関する情報を持っていないことから福祉事務所にたどり着かない人，窓口にたどり着くことができたとしても適切な支援に結びつかない場合などもある（池谷，2016）。

　無料低額宿泊所等に入所する人たちの多くに，精神医学的援助の対象である軽度の知的障害や精神障害，さらには身体障害等の障害があることが実態把握の中で明らかになっている（的場・斉藤，2019；辻井，2019）。このように多様な困難さを抱えた生活困窮者の相談支援活動を行うのが福祉事務所

※本論文は，高柳伸哉（愛知県東邦大学人間健康学部），鈴木勝昭（福島学院大学ふくしま子どものこころのケアセンター），鈴木康之（杜蔵心理相談室），伊藤大幸（お茶の水大学生活科学部），村山恭朗（金沢大学人間社会研究域），山根隆宏（神戸大学大学院人間発達環境学研究科），小倉正義（鳴門教育大学大学院学校教育研究科），水間宗幸（九州看護福祉大学看護福祉学部），白石雅一（宮城学院女子大学教育学部），望月直人（大阪大学キャンパスライフ健康支援センター），水口勲（公認心理師），中島卓裕（中京大学現代社会学部），浜田恵（名古屋学芸大学ヒューマンケア学部），中島俊思（佐賀大学大学院学校教育学研究科），野沢朋美（公認心理師），曽我部哲也（中京大学工学部），辻井正次（中京大学現代社会学部）との共著論文です。

のケースワーカーである。福祉事務所のケースワーカーは，生活困窮者からの相談に早期かつ包括的に応ずる相談窓口で対応するために，専門的な知識に加えて，アセスメント力・コミュニケーション能力・援助プラン作成力・モニタリング技術といった技能を有していることが求められる。つまり，個々の生活困窮者が抱えている課題を適切にアセスメントし，その課題をふまえた自立支援計画を作成したうえで，関係機関との連絡調整や支援の実施状況の確認などを行うのがケースワーカーの役割となる（福山，2016）。このようにケースワーカーには高い専門性が求められているにもかかわらず，制度上資格要件は定められていないため，福祉事務所の相談業務を担う人材の専門性を担保することが重要な課題となっている（中土，2017）。

　今後，福祉事務所においては従来のような生活困窮者の自立支援という観点だけではなく，精神医学的観点に基づいた障害特性やメンタルヘルスのアセスメントが求められるようになると予想される。本研究では，全国の福祉事務所や保護観察所等において，精神障害や発達障害を抱える相談者が一定数存在すると想定される相談業務の中で，要支援者のアセスメントがどのようになされているかについて実態調査を行った。

　本稿では，生活困窮者の支援窓口におけるアセスメント技術の向上に向けて，生活困窮者のさまざまな困難やニーズに関して精神医学的視点から見直すことを試みる。

Ⅱ．研究対象および研究方法

（1）調査対象

　調査対象は，生活困窮者に対する支援の中心的な場となる福祉事務所とした。本調査対象の抽出にあたっては，インターネットや社会的資源リスト等を参照し，全国の各自治体の福祉事務所を抽出した。調査期間は2021年1〜3月で，福祉事務所1,251機関，更生保護委員会と保護観察所94機関の合計1,345機関に調査用紙を送付した。回答数は315機関であった（回収率23.4%）。315機関の内訳として福祉事務所が305機関，保護観察所8機関，その他2機関であった。以下有効回答315件を分析対象とした。更生保護委員会と保護観察所を対象とした理由として刑務所や少年院から社会生活に入っていく中で生活保護の申請を受ける可能性を考慮したためである。

（2）調査内容

　調査内容は以下のとおり。調査機関の属性，調査機関の活動実態（年間相
談件数），住居のない生活困窮者の相談における聴取項目ならびに観察項目
（複数回答法），無料低額宿泊所・社会福祉住居施設・日常生活支援住居施設
に入所した生活保護受給者ヒアリングにおける把握事項について尋ねた。

　また，辻井（2019）や的場・斎藤（2019）の住居のない生活困窮者の実
態調査で精神疾患や発達障害，知的障害，精神障害を抱えていることがすで
に明らかになっており，ケースワークにおいてもこれらの疾患の可能性につ
いてアセスメントできることが重要になっている。そこでこれらの障害のア
セスメントの判断に関する手ごたえ（ケースワーカー自身の自信）について
尋ねた。これらは「はい」，「いいえ」の２件法で回答を求めた。

　さらに相談経験がまだ浅い担当者（調査票には相談経験がまだ浅い経験者
と記載したため,経験の浅さは回答者が判断するものとした）が各種障害（認
知症・精神障害・発達障害・知的障害）を抱える生活困窮者の支援ニーズ判
定について補助的なアセスメントツールを使わないで行うときの困難さにつ
いても尋ねた。これらは「可能」,「ある程度可能」,「少し難しい」,「難しい」
の４件法にて回答を求めた。

（3）倫理的配慮

　本研究を実施するにあたって中京大学現代社会学部研究倫理委員会の承認
を得た。調査実施にあたってアンケート用紙序文に本調査の目的・趣旨・回
答の意志・情報公開（調査結果は統計的に処理し，機関／施設の個別名称は
公表しないこと）等の説明を記載し，アンケートの提出をもって同意とみな
した。

Ⅲ．結　　果

（1）調査機関の相談活動の実態

　年間の相談件数の中で「住居のない生活困窮者等の総相談件数」について
尋ねた（平均値 390 件，標準偏差 758，範囲 0 〜 9,642）。年間総相談件数
と同様に「住居のない生活困窮者等の総相談件数」も 0 〜 1,914 件と自治体
によって大きなばらつきがみられた（平均値 41 件，標準偏差 171，範囲 0
〜 1,914）。そこで相談件数と各機関の分布を把握するために，住居のない生
活困窮者等の総相談件数を横軸，相談機関数を縦軸にしたヒストグラムを作

成した（図 5-1）。

　図 5-1 から回答の約 3 分の 2 にのぼる 211 機関が年間の相談件数が 10 件未満であった。その 211 機関のうち 88 機関が住居のない生活困窮者の総相談件数が 0 件であり，住居のない生活困窮者のアセスメント経験が少ないことがうかがえた。

　一方で，業務過多が懸念される年間総相談件数が 100 件以上の機関が 25 機関にのぼることも注目すべき点である。25 機関中 13 件は年間総相談件数が 200 件を超えており，さらにそのうち 2 機関は 1,807 件，1,914 件と突出して高かった。このように相談件数が突出して多くなると，業務過多となり適切なアセスメントが難しくなると推測される。

　次に住居のない生活困窮者等の総相談件数と自治体あるいは福祉事務所において生活困窮者相談に対応するケースワーカーの数（平均値 9，標準偏差 14，範囲 0 ～ 98）から「ケースワーカー 1 人あたりの住居のない生活困窮者等の相談件数」を算出した。その結果，0 件～ 301 件と非常に幅広いものとなった。そこでケースワーカー 1 人あたりの住居のない生活困窮者等の相談件数の分布を把握するために，ケースワーカー 1 人あたりの住居のない生活困窮者等の相談件数を横軸，相談機関数を縦軸にしたヒストグラムを作成

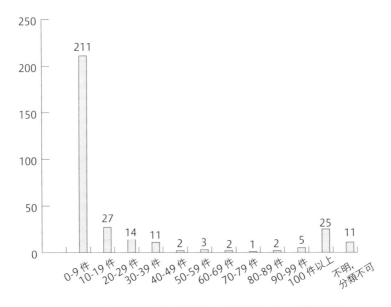

図 5-1　住居のない生活困窮者等の総相談件数ごとの相談機関数

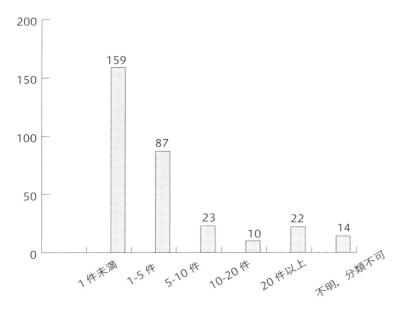

図 5-2　ケースワーカー 1 人あたりの住居のない生活困窮者等の総相談件数の分布

した（図 5-2）。

　図 5-2 をみると，相談件数が非常に少ない機関と相談件数が非常に多い機関と二極化していることが明らかとなった。回答数の半数を超える 159 機関がケースワーカー 1 人あたりの住居を持たない生活困窮者の相談件数 1 件未満であり， 0 件（昨年度は相談実績なしを示す）は 88 機関であった。一方で，ケースワーカー 1 人あたりの住居を持たない生活困窮者の相談件数が 10 件を超える機関は 32 機関あり，そのうち 22 機関が 20 件以上， 9 機関が 40 件以上の相談件数を 1 人のケースワーカーが抱えている実態が明らかとなった。

（2）住居のない生活困窮者のアセスメント

　各機関のケースワーカーがどのような情報をもとにアセスメントしているかを把握するために，学歴・職歴・転居歴といった基本情報のほかに，服薬や健康状態といった医学的情報，適応行動や友人関係や学業成績の程度といった精神科診察においても重要となる情報も含めて尋ねた。回答結果から，それぞれの項目と聴取している相談機関の割合を図式化した（図 5-3）。な

お，未回答であったものに関しては以下の分析から除外している。

　図 5-3 を参照すると，「健康状態・疾患・服薬管理」，「家族との関係」，「居住・転居歴」，「職歴」については 80 〜 89％の相談機関が聴取していることがわかった。逆に学校時代の成績や友人関係について聴取する相談機関は 6 〜 7％にすぎなかった。学業成績は知的障害や限局性学習障害，学校時代の友人関係は自閉症スペクトラム障害など発達障害に関する児童精神医学的情報を得ることができる項目であるが，これらの情報に注目してアセスメントを行っている機関の割合は低い実態が明らかとなった。

　図 5-3 の聴取項目は，ケースワーカーの相談経験に応じてアセスメント項目が異なる可能性が考えられた。本実態調査における住居のない生活困窮者の相談件数の平均値が 44 件であったことをふまえ，住居のない生活困窮者の相談件数が 50 件以上を高群（N =37），住居のない生活困窮者への相談件数が 0 件でかつ全体の相談件数が 50 件未満を低群（N = 30）としてこれらの項目を比較した（表 5-1）。なお，両群の比較において x^2 検定ならびに Fisher の直接確率法を行った。検定の多重性の対応のため 5％有意水準を Holm 法で補正をかけた。その結果，「学歴」，「住居・転居歴」，「これまで利用した相談歴」において有意差がみられ高群が有意に多く回答した。

　次に各機関のケースワーカーに対してアセスメント面接時にどこに注目して観察するか着眼点について尋ねた。精神医学における症状は，客観的所見である表出症状が観察項目になる。代表例として身だしなみ，礼容，服装，姿勢，表情，会話といった側面がある（岡村・針間，2017）。それぞれの項目

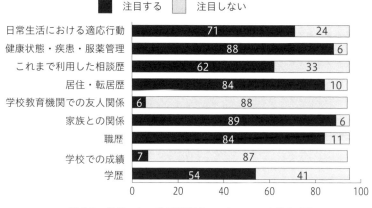

図 5-3　住居のない生活困窮者のアセスメント聴取項目

表 5-1　相談件数高群・低群における初回面接時アセスメント聴取項目の比較

	高群（N=37）		低群（N=30）		X^{2}検定・Fisher直接確率法
	注目する	注目しない	注目する	注目しない	
学歴	29	8	11	19	X^2=11.98
学校での成績	4	33	1	19	
職歴	36	1	24	6	
家族との関係	35	2	26	4	
学校等教育機関での友人関係	4	33	1	29	
居住・転居歴	36	1	22	8	P=0.005
これまで利用した相談歴	32	5	12	18	X^2=15.88
健康状態・疾患・服薬管理	37	0	27	3	
日常生活における適応行動	32	5	21	9	

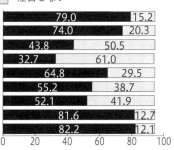

図 5-4　住居のない生活困窮者のアセスメントにおける観察項目

について観察において着目している相談機関の割合について図式化した（図5-4）。

　図 5-4 を参照すると，約 70 ～ 80%の相談機関が初回面接時に注目して観察すると回答した項目は，「身体の不自由さ」，「話が現実的な判断か」，「尋ねたことがどれくらい理解できるか」，「服装・姿勢・容貌」であった。これらは面接時に観察し，かつ把握しやすい身体的・行動的側面である。一方，「集中して話を聞けるか」，「話を別のことに展開して合わせられるか」について

は約 30 〜 40％にとどまった。これらは主に発達障害特性（注意欠如・多動性障害や自閉症スペクトラム障害）に関するアセスメントにおいて着目する視点である。また「どのくらい字・文章が書けるか」,「書かれた字・文章がどのくらい読めるか」についても観察のポイントであると回答した相談機関が約 55％程度であったが，これらは限局性学習障害や軽度の知的障害を把握する際に重要な視点となる。

　さらに表 5-1 と同様に相談経験においてケースワーカーのアセスメント項目が異なる可能性が考えられた。そこで本実態調査の住居のない生活困窮者の相談件数の平均値が 44 件であったことをふまえ，住居のない生活困窮者の相談件数が 50 件以上を高群（N ＝ 30），住居のない生活困窮者への相談件数が 0 件でかつ全体の相談件数が 50 件未満を低群（N ＝ 37）として比較した。なお，両群の比較において x^2 検定ならびに Fisher の直接確率法を行った。検定の多重性の対応のため 5 ％有意水準を Holm 法で補正をかけた。その結果，いずれも両群に有意差は認められなかった。

（3）発達障害，精神障害，認知症の判断
　ケースワーカーが要支援者のアセスメントにおいて発達障害，精神障害，認知症の可能性を判断する手ごたえの有無の回答について相談機関の割合を示した（図 5-5）。なお，未回答は分析から除外している。
　ケースワーカーのアセスメントの手ごたえについて相談件数による違いも予想されたが，実際には両群に有意差は認められず，全体的な回答傾向は類似していた。また発達障害に比較して，認知症，精神障害についてのケースワーカーのアセスメントの手ごたえがあるとの回答が高くなっている。また，半数を超える相談機関で各障害のアセスメントや判断に関して困っており，客観的で簡易のアセスメントツールのニーズが高いと考えられた。

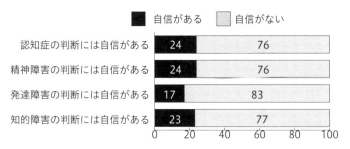

図 5-5　認知症，精神障害，発達障害のアセスメントおよび判断の手ごたえ

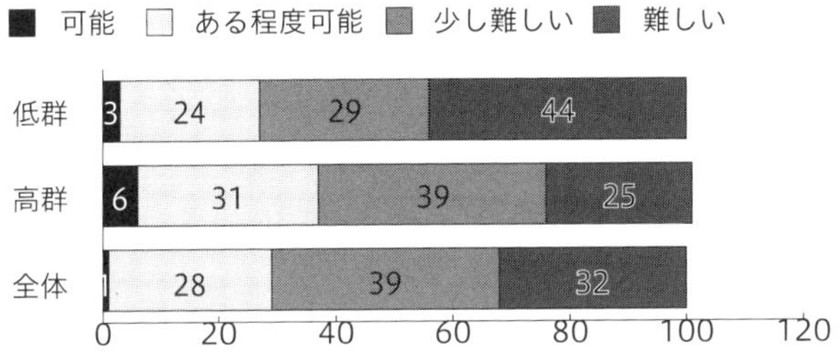

図 5-6　相談経験の浅い担当者が各種障害（認知症・精神障害・発達障害・知的障害）を抱える生活困窮者の支援ニーズ判定を補助的なアセスメントツールなしで行う場合の困難度

　さらに相談経験がまだ浅い担当者が，各種障害を抱える生活困窮者の支援ニーズ判定を補助的なアセスメントツールを使わないで行うときの困難さの回答結果は以下になる（図 5-6）。

　これらの回答傾向も相談件数の高低群に有意差は認められなかった。全体としての傾向をふまえると約 70％の相談機関が「少し難しい」，「難しい」という回答であり，各種障害についてのアセスメントや判断について難しいという回答が 70％を超える以上，今後はその困難さを補うアセスメントツールを開発し，相談機関のケースワーカーがツールを活用できる環境を整える必要が示唆される結果となった。

Ⅳ. 考　　　察

（1）福祉事務所の生活保護相談の実態

　本調査では，過去 1 年における住居のない生活困窮者の相談件数を尋ねたところ 2 つの大きな特徴が浮かび上がった。それは約 3 分の 2 の機関において相談件数が 10 件以下である一方で，25 機関において相談件数が 100 件を超えるといった二極化の現状である。

　生活保護業務におけるケースワーク業務内容について受給者の観点から整理すると，「受付 - 申請受理（相談受付，相談内容の記録，生活保護制度・申請の説明等）」，「調査と要否判定（資産収入調査，稼働能力調査，扶養調査，居住実態調査，審査書類の作成等）」，「援助方針の策定」，「保護の実施（保護費の算定，相談支援，関係機関との連携，医療券の発行，面接相談・電話対応等）」，「訪問調査・支援」，「保護の廃止」，「援助方針の見直し」など非常に多岐にわたる（特定非営利活動法人 Child First Lab, 2019）。実際に無料低

額宿泊所・救護施設での生活困窮者に知的障害ならびに精神疾患，発達障害特性を抱えている人々が多いことがすでに明らかになっている。現代の生活保護ケースワークにおいては上記の業務に精神医学的観点が不可欠であることは明確といえる。しかし，この視点にたったケースワークでは経験の蓄積と十分な時間が不可欠である。本調査の結果から「地方の福祉事務所における住居のない生活困窮者の生活保護ケースワークの経験不足」と「都市部の福祉事務所における業務過多に起因する適切なアセスメントの時間確保の難しさ」という２つの問題が現代のケースワーク現場における課題として示された。

（２）住居のない生活困窮者のアセスメント

　柴田（2016）は，住居のない生活困窮者のアセスメントについて，生活保護の受給要件をケースワークの観点から分離し，法の求める要件をアセスメント項目として具体化することが必要であると主張している。しかし，高齢者，知的障害，精神障害，難病患者，生活困窮者等を含めて，総合的にアセスメントできる情報領域は，その情報の領域の広さや多様さのためにアセスメント設定が難しいという問題もある（泉，2016）。

　実際のケースワーカーによる住居のない生活困窮者のアセスメント聴取項目にはどんな違いがあるだろうか。図5-3から全体的には生活困窮に至った経緯に関する情報（職歴・転居歴）や家族関係，現在の健康状態および適応行動については把握しているが，自閉症スペクトラム障害の特性を推測するための重要な情報となる友人関係や限局性学習障害といった児童精神医学的視点のアセスメント項目の把握が弱いことが明らかとなった。相談経験によってアセスメント聴取項目の注目度が異なるか検討を行ったところ，相談件数高群は「学歴」，「職歴」，「住居・転居歴」，「これまで利用した相談歴」において有意に多くの回答があった。ここから相談経験の多いケースワーカーは学歴から大まかな知的水準を，これまで利用した相談歴から問題がいつから生じ，社会的資源をどのように活用してきたかについて把握していると推測された。しかし，住居のない生活困窮者のアセスメント聴取において発達障害という視点は一つの盲点になっていることがうかがえる。ケースワーカーの研修項目に発達障害のアセスメント技法を取り入れることが必要であろう。

　次にケースワーカーの生活保護相談面接における観察項目について検討をしたところ，「注目する」という回答が70％を超えた項目は「身体の不自由

さ」,「話が現実的な判断か」,「尋ねたことがどのくらい理解できるか」,「服
装・姿勢・容貌」であった（図 5-4）。「身体的不自由さ」,「服装・姿勢・容
貌」などは視覚的に容易に把握しやすい側面であり,また「話が現実的な判
断か」,「尋ねたことがどのくらい理解できるか」ということからは基本的
なコミュニケーションが可能かどうかの判断材料としていることが推測でき
た。相談経験によってアセスメント聴取項目の注目度が異なるか検討を行っ
たところ,相談件数高群は「服装・姿勢・容貌」,「どのくらい字・文章が書
けるか」,「集中して話が聞けるか」に有意に多くの回答があった。特に「ど
のくらい字・文章が書けるか」は限局性学習障害の可能性,「集中して話が
聞けるか」は注意欠如・多動性障害の可能性の検討材料になる。ここからケ
ースワーカーが住居のない生活困窮者の相談経験を重ねていく中で発達障害
特性をアセスメントする視点を持つようになっていることが推測される。発
達障害特性は生活において困る症状（生活障害）になり得るものである。ア
セスメントにおける行動観察とはその生活障害をみるということになる（村
上,2015）。

（3）発達障害,精神障害,認知症の判断について

　本調査では,ケースワーカーが現時点で住居のない生活困窮者の相談にお
いて発達障害,精神障害,認知症を疑う判断に関する手ごたえについて尋ね
た（図 5-5）。認知症,精神障害,知的障害の判断については自信がないとい
う回答が 75％を超え,自閉症スペクトラム障害や注意欠如・多動性障害など
の発達障害に至っては 80％を超えていた。さらに相談経験が浅い担当者に,
これらの各種障害の支援ニーズ判定についてアセスメントツールなしで（面
談のみで）行う場合の困難について尋ねた。その結果,認知症,精神障害,
発達障害,知的障害のいずれの項目も約 70％の相談機関がこれらのアセスメ
ントの手ごたえ（ケースワーカー自身の自信）がないと回答しており,特に
発達障害に関しては約 80％の相談機関がアセスメントに困っているという
実態に注目する必要がある。

　各種障害のアセスメントツールは現在心理検査として多くのものが開発さ
れている。しかし,本稿でも取り上げたようにケースワーカーの業務は多彩
でかつ多忙である。アセスメントツールの活用は必要であるがさまざまな制
約があって実際的には不可能であるという現状が浮かび上がってくる。短時
間でかつ簡易に各種障害の可能性を示唆する包括的なテストバッテリーの開
発が急務となっている。

（4）本研究の限界と今後の課題

　本研究ではいくつかの限界と課題が残された。第1は，質問紙の回答形式に起因する限界が考えられる。本研究の質問紙では二項選択法ないし4件法の強制選択尺度を採用した。これらの形式により，回答が「どちらでもない」といったような曖昧な回答への集中を防ぐことを意図したが，一方で元来その質問に対して曖昧な態度であった回答者にも無理にどちらかを選択することを迫る誘導質問になる可能性（鈴木, 2011）も考慮する必要がある。第2の限界点としては，低い回答率（23.4％）があげられる。一般に本研究で用いられた郵送調査法の回答率は30〜60％とされるが，本研究ではさらに低い回答率となっており，得られたデータが母集団の特性を推定するのに十分でない可能性（鈴木, 2011）も否定できない。以上のような方法論上の限界より，結果の解釈には慎重さが求められるものの，本調査により生活困窮者支援のアセスメントにおける課題の一端を浮かび上がらせることができたものと考えられる。

Ⅴ．結　　論

　生活困窮者のアセスメントを的確に行っていくためには何が必要であろうか。1つは，全体像の把握である。泉（2016）は，生活困窮者のアセスメントで取得すべき情報領域について「本人の意志」，「基本的属性」，「身体的状況」，「精神状況」，「社会生活状況」の5つの領域を設定し，生活全般を把握するアセスメントを提案している。また，方法論上の限界は伴いながらも，生活困窮者の初回面接でのアセスメントに発達障害特性という視点が定着しているとはいえない現状が本調査結果より明らかとなった。ケースワークにおけるアセスメントおよび養成課程において認知症，精神障害に加えて発達障害（知的障害も含む）という精神医学ならびに児童精神医学的観点をいかに定着していくかが重要であろう。

　もう1つは，ケースワーカーの直観や経験則だけに頼らないアセスメントと処遇判断が必要になる。生活困窮者のアセスメントにはいくつか類型パターンが想定されるものの，当然ながら個人の経験則や直観に当てはまらないパターンが存在する。その例外パターンをケースワーカーの経験則に無理にあてはめないで，標準化集団に基づいた数値化可能で客観的なアセスメントツールに基づいて判断することが求められる。今後は短時間でかつ簡易に各種障害の可能性を示唆する包括的なテストバッテリーの開発が急務である。

追　　記
　本研究は，厚生労働省推進事業（代表：辻井正次：L20035）による調査事業の成果の
一部を論文化したものである．ご協力いただいた各施設の職員の皆様に深く感謝申し
上げます．

文　　献
福山和女（2016）地域を基盤とした生活困窮者支援における個人，集団，家族支援の位置
　　づけ．精神療法，42(16), 7-13.
池谷秀登（2013）生活保護と就労支援：福祉事務所における自立支援の実践．山吹書店.
池谷秀登（2016）生活困窮者支援と生活保護．精神療法，42(16), 60-63.
泉賢祐（2016）地域生活を支えるソーシャル・ワークのアセスメントに関する一考察．保
　　健医療経営大学紀要，8, 41-46.
的場由木・斉藤恵美子（2019）都市部の生活支援付きの民間宿泊施設に入所した生活困窮
　　者の健康状態と生活支援ニーズの特徴：新規入所者の年代別検討．日本公衆衛生雑誌，
　　66, 767-777.
村上伸治（2015）大人の発達障害の診断と支援．In：青木省三・村上伸治編：大人の発達
　　障害を診るということ：診断や対応に迷う症例から考える．医学書院，pp. 10-11.
中土純子（2017）生活困窮者自立支援制度とソーシャルワークの在り方に関する一考察．
　　学苑，916, 82-91.
岡村泰・針間博彦（2017）症候学と状態像．In：近藤直司・田中康雄・本田秀夫編：ここ
　　ろの医学入門：医療・保健・福祉・心理専門家職をめざす人のために．医学書院，pp.
　　29-39.
柴田純一（2016）生活保護制度における保護の受給要件の認定の在り方に関する研究：受
　　給要件確認の客観化に資するアセスメント開発の前提作業として．中部学院大学・中
　　部学院大学短期大学部研究紀要，17, 41-50.
鈴木淳子（2011）質問紙デザインの技法．ナカニシヤ出版.
特定非営利活動法人 Child First Lab（2019）生活保護世帯に対するケースワーク業務負
　　担軽減のための効果的な人工知能（AI）アプリの活用に関する調査研究事業報告書.
　　(https://www.mhlw.go.jp/content/12200000/000525131.pdf).
辻井正次（2019）無料低額宿泊所等において日常生活上の支援を受ける必要がある利用者
　　の支援ニーズ評定に関する調査研究事業．平成 30 年度厚生労働省社会福祉推進事業，
　　(https://www.mhlw.go.jp/content/12200000/000525955.pdf)

第Ⅱ部
投映法を発達障害支援
に活用するために

自閉症の体験世界と描画との関係

　我々，心理臨床家はなぜクライエントのイメージに着目するのだろうか。それはイメージによって写し出されたもの（描画・箱庭・アート）から，クライエントの体験世界や精神病理が推測できるからであろう。そして，心理療法の場面でイメージが扱われるのは，守られた治療関係の中でイメージの変容・成長が示され，そのイメージの変容・成長とともにクライエントの適応が向上していくという臨床的事実があるためである。そこで自閉症スペクトラムにとってのイメージとは何か，またイメージが描画にどう表現されるか，さらには描画がどう活用されることが望ましいかについて本論で検討したい。

Ⅰ．自閉症スペクトラムの体験世界——認知特性とイメージという視点から

　自閉症の体験世界については，すでにいくつかの優れた展望論文があるので，本論では描画と関連が深いイメージとの関連に論をしぼって進めていくこととする。自閉症スペクトラムのイメージの世界を理解する上で，次の3つの視点が重要となる。

　1つめは，自閉症スペクトラム者のイメージの世界は，定型発達者と質的に異なることである。自閉症スペクトラム者が特有のファンタジー（自閉的ファンタジー）を抱いており，それを媒介にして支援のための関係性を構築する視点が1990年代に提案されている。自閉的ファンタジーとは，感覚的なイメージ，または反復的な感覚的イメージや自閉症児が持つ会話パターンや画像イメージなどである（辻井，2004）。杉山（1995）の述べた治療者の機能として自閉症者の行動の意味を周囲に伝えること，自閉症者が混乱を抑えるためのとりあえずの対応法を本人および周囲に伝えること，言語機能を持つ自閉症者に常識的かつ彼らの内面に沿った直接的な支持やアドバイスを行うことの3点につながっていく視点であった。おそらく現代でも描画法を通じて自閉症スペクトラム児者の体験世界を理解し，共有する試みは心理療

法の分野で続けられていると思う。

　2つめは，認知心理学の視点および精神病理学的視点からの自閉症者のイメージの理解である。Frith（2003）の全体性統合理論など自閉症の認知心理学研究が明らかにしたことは，対象の全体像（ゲシュタルトや文脈）を把握するよりは，細部を強く認知し，それ以外の情報を抑制（無視）してしまうという事実である。この認知特性については自閉症者の手記でも「みんなは物を見るとき，まず全体を見て，部分を見ているとように思います。しかし僕たちは，最初に部分が目に飛び込んできます。その後，徐々に全体が分かるのです」（東田，2017, p. 77）のように表現されており，支援者にとって非常に参考になる。さらに杉山（1994）の自閉症のタイムスリップ現象の精神病理学的検討からは，対象（記憶表象）と自己との心理的距離が喪失してしまう事実に着目している。この体験世界を滝川（2017）は，「言葉が社会的・共同的な概念の媒介なしにじかに生理的・感覚的なイメージとつながった世界である。そこでは，言葉とイメージ，意味（概念）と感覚の距離がとても近い」（p. 238）と述べている。イメージを含めた対象との距離の近さについては，自閉症者の手記を読むことでさらに理解できる。想像という部分に関して「正確に言うと，僕たちが想像しているというより，色んな場面が突然頭の中にひらめくのです。それは，自分にとって，とても楽しい思い出だったり，本の中の1ページだったりします」（東田，2017, p. 49）。熊谷（2017）は，この現象を自閉症の感覚世界と関連させ，ある刺激が入り込むと，感覚の枠がいっぱいに広がり，そのまま停留すると述べている。これらの現象が生じる背景に杉山（1994）は自閉症者に自己意識の成立不全が起きていると指摘した。この点はFrith（2003）も「空白の自己」として概念化している。つまり，自閉症者にはトップダウン処理を統括する自己が不在であり，結果的にボトムアップが強くなりすぎること，自覚的自己の不在により，自己中心性と他者の不在が生まれるというのである（Frith, 2003）。これらの知見は自閉症の理解だけでなく，個々のクライエントの描画法やロールシャッハ・テスト，知能検査の反応にしばしば反映されているのを筆者は経験している。

　3つめは，イメージと発達との関連性である。杉山（2011）は自閉症の療育の課題設定においてイメージをつくる力のアセスメントが重要であると述べ，発達段階と課題をまとめている。無発語の自閉症児では観察によって，言葉のある自閉症者では言葉の受け答えによって（視線の止まらずに流れる段階から昨日の行動を答えられる段階まで10段階），イメージをつくる能力

のおよその発達年齢と必要な課題がまとめられており，イメージと知的能力の関係について大変参考になる。もう1つイメージの発達で重要な視点は，身体図式である。これは人物画の解釈と大きく関連する重要な視点である。村田（2016）は身体図式の発達と臨床的意義について以下のように述べている。身体図式とは「この世界でふるまう自分というものが感覚的につかめて，意味をもってとらえているかどうか」（村田，2016, pp. 74-75）を指していると述べ，これによって「自分の身体を自分のものとして感じ，自分のものとして動かすことができるようになります。それは，自分を取り巻く人や物との関係を，自分の身体を中心として推し量るようになります。自分と周りの区別を，感覚的なレベルで，より具体的に感じとることができるのです」（村田，2016, p.8）と臨床的意義を説明している。この点について自閉症者の手記では「とにかく自分の体の部分がよく分かっていないので，自分の目で見て確かめられる部分を動かすことが，僕たちの最初にできる模倣なのです」（東田，2017, p.45）と述べられている。村田（2016）はこの身体図式が完成して初めて象徴機能としてイメージや言葉の基盤となる内言語的イメージが形成されると説明している。象徴機能としてのイメージは昨日の行動をイメージとして思い出す能力（自分の体験をイメージとして思い出せる能力）であり，先ほどの杉山の昨日の行動を答えられる段階とも重なる。これにより，子どもは自分の過去の運動感覚的イメージに基づいて，現在の状況や周囲と自分との関係を判断する尺度（身体図式）を手に入れることができるといえる。そして村田（2016）は知能検査・ITPA・人物画の解釈にあたって身体図式という視点から自閉症スペクトラムの子どもたちの精神発達として何が育ってきていないかについて有益な視点を提供している。

Ⅱ．自閉症スペクトラムの描画特性について

　心理臨床家がなぜ描画に着目するかは，描画はクライエントのイメージの世界が写真のような形で反映されることが共有されているためである。精神分析のオリエンテーションに立てばそのイメージの写真に精神力動や対象関係のあり方を見いだそうとするし，直観的に描画の中にクライエントその人の姿を把握することもある。筆者は，先に述べた自閉症スペクトラム独自のイメージ形態が描画に鮮明に表現されると考えてきたため，描画研究において自閉症者の描画特徴や人物画・風景構成法などにおける形式面の研究動向を追ってきた（明翫, 2011）。ここでは，さらに新しい知見も追加して自閉症

スペクトラムの描画特性として各研究者が明らかにしてきた点を紹介する。

- 視覚的写実性：見えたものを見えたまま正確に描こうとする傾向がある
  （Thomas & Silk, 1990；Eames & Cox, 1994）。実際の対象を見ながら
  ではなく記憶によって描くが，描画の性質として写実的な表現になって
  いる点が特徴である（寺山，2002）。
- 写実性と部分認知との関係：非自閉症スペクトラム群では写実性得点の
  高さは，ブロック組合せ課題の非区分版やその最も難しい課題の成績を
  有意に予測した。また埋没図形の正答は，自閉症スペクトラムの診断よ
  りも描画の写実性得点と大きく関連した（Drake, 2013）。診断の有無，
  言語性 IQ，訓練期間に関わらず，写実的な描画能力は，心的分割能力
  （部分認知）を予測するといえる（Drake *et al.*, 2010; Drake, 2013）。
- 独特な絵画表現：全体を単純化・簡略化して，ある細部のみを目立たせ
  るような表現である（寺山，2002）。これは先に述べた自閉症スペクト
  ラムの認知特性（全体的統合理論）と一致する点である。
- 限られた対象への関心の強さ（寺山，2002）：自由画では描かれる対象
  物が限定される。自動車，電車，換気扇，時計など動くものや回転する
  ものが多い。
- 描画技法の発達：定型発達児の多くがたどる描画発達段階を飛び越えて
  写実画を描く事例など特異な発達が報告されているが，多くの場合はそ
  のような現象は認められず，定型発達児に比較して遅れるがおおむね同
  じ描画発達段階を経る（松瀬・若林，2001）。また同時に質的な偏りも
  観察された（松瀬・若林，2001）。
- 人物画では，悲しみや楽しみなどの情緒的な描画表現は可能であるが，
  身体ではなく顔のみといった同年代の定型発達に比較して未熟な形態を
  描くことが多い。人間の活動など情緒的・社会的に統合された形の絵を
  描くことが少ない（Jolley *et al.*, 2013）。

　自閉症スペクトラムの描画特性についての知見を概観すると，独自の描画
技法があり，そこに認知特性が反映されており，また描画技法の発達的側面
では特異性はあるものの定型発達と同じ発達段階をたどるとされている。そ
こから，我々心理臨床家が自閉症スペクトラムの描画を理解するためには以
下の点に慣れ親しんでおくことが必要なようである。それは，①描画技法の
発達と特殊な技法，②自閉症スペクトラム障害の認知特性・イメージの性質，

③自閉症スペクトラム障害の体験世界を知る貴重な資料としての自伝の3点である。

Ⅲ．描画の発達理論

　描画技法の発達理論として，全体的な形式面の発達理論も参考になるが，ここでは発達的側面が明確な人物画と風景構成法に焦点をしぼって取り上げることにする（明翫，2010，2012）。

　人物画知能検査は，Goodenough による人物画知能検査（Draw a man；DAM）が始まりである。DAM は児童の発達段階を的確に反映していること，実施と採点が容易であることから，多くの国では，Goodenough の DAM をそのまま用いたり，それぞれの国で標準化して行われてきた。主に以下のような発達的順序で進んでいく（例えば，小林・伊藤，2017）。

- ・2歳半～3歳：顔の輪郭のみの表現であり，そこに眼が書き加えられるようになる。その後，胴体がなく「頭足人」が認められる。さらに3歳後半ごろになると「鼻」，「口」，「髪」が書き加えられ完成した顔になっていく。
- ・4歳：「頭足人」から胴体のある人物になっていく。ただし，身体の比率はアンバランスである。4歳後半になると1次元の腕や足から，2次元のものに変化していく。
- ・5歳：眼が円形から眼の本来の形に，首も2次元の形になっていく。5歳後半になるとさらに写生的に周囲の人を観察しながら描くようになる。
- ・6歳：肩幅が胴体よりも大きいのがこの時期の人物画の特徴である。頭と胴が首でつながったり，腰の部分が描かれたりする。衣服もしっかり描けるようになってくる。
- ・7歳：部分的ではあるが，衣服の正確性が増す。ただし，全体の構成などに不正確さを残している。腕と肩の付き方が現実的になってくる。
- ・8歳：人物画の知能検査としての活用の上限年齢の目安となる。6割の子どもが瞳を描き，肩もますます現実の人間像に近づく。
- ・9歳：人間らしい胴が表現されるようになる。指も5本そろって描かれるようになる。
- ・10～12歳：性差が明確になり，だんだんと現実の人間らしいバランスの取れた人物画が描けるようになる。現実の人間像を描く能力は小学校

4年までにほぼ完成する。

　次に風景構成法の発達理論について紹介する。構成型の発達類型によって Piaget の自己中心性から脱中心化に至る過程と空間の構成仕方を理解することができる（明翫，2012）。Piaget の自己中心性は，（1）その場限りの思考で熟考せず手っ取り早い方法で済ませる「内省の弱さ」，（2）注意の内容と方向が定まっていないために起こる「関係性を読むことの難しさ」，（3）入力された情報を手当たり次第解釈しようとする「統合の難しさ」であるという（扇田，1958）。さらに構成型は遠近感に関係するパースペクティブを示す。遠近感が獲得されるということは，抽象的思考，客観的思考，部分知覚と全体知覚の統合，計画性，批判的に評価・分析する力などが身につくことを示す（東山・東山，1999；Cox, 1992）。このような視点に立てば風景構成法は，クライエントの認知発達の様態を視覚的に理解できる有用な心理アセスメントツールである。次に構成型の発達段階を紹介する。
　高石（1996）は，主として小学生の横断的研究から，風景構成法の構成型に見られる発達段階を示している。高石によれば，構成型が発達するにつれて自我の視座の確立の発達を示すことを考察している。これは最近の発達臨床心理学の知見では時間的・空間的パースペクティブの獲得であり，他者への視点の移動がより高次の社会性や共感を可能にするものであると考えられている（杉山，2009）。

- Ⅰ．羅列型：課題の全要素がばらばらに描かれており，全く構成を欠く。
- Ⅱ．部分結合型：大景要素同士（川，山，田，道）はばらばらだが，大景要素と他の要素とが，一部結びつけられている。
- Ⅲ．平面的部分的統合型：大景要素同士の構成が始まるが，部分的な統合にとどまり，「空飛ぶ川」「空飛ぶ道」などの表現がみられる。また彩色されていない空間が多く残り，宙に浮いた感じがする。視点は不定で，複数の基底線が使用されている。
- Ⅳ．平面的統合型：部分的な統合が進み，視向（視線の注がれる方向）が一定方向に定まり，全ての要素を「知っている風景」としてまとめることができる。しかし，遠近・立体的表現は見られず，全体として平面的で貼りついたような感じが特徴的である。奥行きは上下関係で表現されている。
- Ⅴ．立体的部分的統合型：視向が正面と真上の2点に分かれ，部分的に

遠近法を取り入れた立体表現がみられる。しかし，Ⅳ段階までの全体の構成の安定性が崩れるため，部分的には遠近法が取り入れられたり，立体表現が見られるが，大景要素間でも立体的表現と平面的表現が混在し，全体としてはまとまりを欠いた構成になっている。

・Ⅵ．立体的統合型：視点・視向とも，斜め上方あるいは正面の1点におおむね定まり，全体が遠近・立体のあるまとまった構成になっている。しかし，「平面的な田」，「傾いた家」など一部に統合し切れない要素を残している。

・Ⅶ．完全統合型：1つの視点から，全体が遠近感をもって，立体的に統合されている。

Ⅳ．自閉症スペクトラムの描画研究と体験世界・イメージの接点

　自閉症スペクトラムの描画研究と体験世界・イメージとの接点を考えてみる。なぜならその接点こそが臨床的視点に有用であるからである。

　我々の人物画研究（明翫ら，2011）では，発達的側面として自閉症スペクトラム障害群（以下，ASD群とする）のDAM得点は高学年になると得点が伸び，DAM得点，DAM-IQにおいて両群（ASD群・定型発達群）の差が狭くなっていくことがうかがえた。ASD群の人物画の特徴として，全体的な人間像や身体のイメージの形成を経ての人物の表現ではなく，部分的で稚拙なイメージの描出や，部分的・断片的な形でかつ，実物を見たままに描写するスタイルになっていた。行動観察からは自分の身体部位を確認しながら描いている子もいた。これら人物画の特性を考えたときに筆者は，先述の村田（2016）の身体図式の発達が見事に人物画に投影されていると考えられた。この視点は心理臨床で活用されることが少ないが，感覚統合療法的視点から以下にように捉えることができる。ASD群の人物画における未分化な側面に着目すると，その部分の身体感覚の把握の困難さが推測できる。つまり，シングルフォーカスと呼ばれるような認知特性があると，ある身体部位に視覚的情報に注意を向けているために他の身体部分に注意が向かなくなり，認識が難しくなる点である（岩永，2010）。これを裏付けるかのように自閉症者の手記からの体験世界（東田，2017）があり，また筆者も人物画をアセスメントとして援用する機会がなかったが以下のような支援経験がある。ある自閉症スペクトラム青年の相談において，個別課題を家族と教諭・本人と筆者で話し合っていた時のことである。

家族：「この子はお風呂のときの洗髪や洗顔がうまくいかないんです」

筆者：「現状として『顔を洗って』とか『髪を洗って』と指示するとどうなりますか？」

家族：「洗顔のときは，おでこにしか水が当たらなかったり，洗髪のときは頭のてっぺん（頭頂部）にシャンプーの泡を残したまま頭の横を一生懸命こすっています。結局，家族がやらないと……」

筆者：「A君，ちょっと自分の目をこうやってタッチできるかな？」

A君：（筆者の真似をしながらもタッチする場所は額になっている。）

筆者：「A君，今そこはおでこだよ。そのまま下におりてみて（A君は手を下にずらし，眉毛をさわる）。そうそう。そこが眉毛だね。もう少し下にいってみよう（A君はさらに手を下にずらし，まぶたをさわる）。そうそこ。なんか丸いでしょ。そこが目だよ。しばらく優しくタッチし続けてみよう」

　筆者は相談の場で上記のようなやり取りをしながら，洗顔といった日常生活のスキルの練習を試みた。この事例において人物画を描いてもらっていたならば彼はどんな絵を描いただろうか，そう考えると人物画は非常に有用な心理アセスメントのツールだと思う。

　次に風景構成法について取り上げる。我々の研究（内田ら，2014）では，構成型のI～IIIの中にASD群の77.5％が該当し，各年齢群においても構成型IIIに大きなピークがあること，またI～IVにおいてASD群全体の83％を占めており，平面上でアイテムを統合することの難しさが明らかになった。また青年期群のASD群と定型発達群とを2次元での統合―不統合という観点から比較すると，不統合に該当するASD群が有意に多く該当した。この観点からASD群の風景構成法は，「アイテムの不統合」が大きな特徴といえる。次に実際の風景構成法を見てみる。

　図6-1の絵は，各アイテムを記号的に示すのが特徴的である。教示の理解も不十分であり「道を描いて」という問いかけには信号機を描き，風景としては成り立っていなかった。この羅列型の体験世界を理解するのに，先述した自閉症スペクトラムのイメージの特徴がさらに役立つと思われる。風景構成法とはそもそも最初の教示に風景であることを伝えておいて，順にアイテムを書き足していく流れを取る。つまりは，被検者が最初の風景を描くことが求められていることを覚えており，最終的に風景を描くという理解を最後

図6-1　内田ら（2014）で紹介した風景構成法事例1

まで持っていないと適切な風景画にたどり着けない。図6-1の風景構成法を見たとき，彼はなぜこのような絵を描いたのかを追体験することが難しく，筆者にとっては不思議でならなかった。風景構成法研究をレビューしていく中で，図6-1は「此岸なしの川」を示し，Piagetの自己中心性思考が優勢であること，枠の一辺を足がかりとした形であることから，状況依存的であり，被影響性・受動性の高さ（中島，1998）があることが理解できた。日本描画テスト・描画療法学会シンポジウムを機会に，この絵を描いたASD青年がそのような体験世界になってしまう理由を理解したいと思っていたところ，自閉症スペクトラムのイメージの世界から大きな示唆を得た。それは，ある刺激が入り込むと，感覚の枠がそれでいっぱいに広がり，そのまま停留するという熊谷（2017）の指摘である。検査の教示も含めて，一つひとつの刺激に感覚的にも認知的にもいっぱいになってしまい，それ以上の理解ができないことを知ることができた。つまり，ASD群でこのような構成型Iの風景構成法を描いた場合は，指示は本当に同時に複数出すことを控えて，一つひとつわかりやすく行うことが重要であることを如実に示していると思う。自閉症スペクトラムの描画はすべて図6-1のような絵を描くわけではなく，その人の体験世界・認知発達に応じて多種多様な形をとる。次に知的能力が正常水準にある風景構成法を示す。

　図6-2の風景構成法は，平面的にはまとまっており，上下関係で3次元的に表現している。石の護岸を描いたことなどから，風景を表現することは理解していることとうかがえる。ただし，山の大きさが全体に対して不均衡であること，家が傾いた表現から立体的には統合しきれていない部分を残して

図 6-2　内田ら（2014）で紹介した風景構成法事例 2

　いる。この絵を体験世界に沿って考察するとどのような理解が得られるのであろうか。彼の認知能力として複数の情報を統合して理解する力は芽生えつつある点が注目される。同時に家や山などの不具合に関する理解が次に必要となる。この家や山が不具合なバランスになった背景として描かれたアイテムの文脈や空間的配置に影響を受けており，彼の状況依存性・受動性が感じられる。例えば，PDI などで「山はこんなに小さくないけど」等のコメントがあれば不具合を意識しつつも従ってしまうことを示すし，コメントがなければその矛盾に意識しないまま行動してしまうと理解される。

　風景構成法研究や事例に出会うことによって，筆者は風景構成法とは，自閉スペクトラムの全体性統合理論の苦手な部分などを認知特性が反映される優れた心理アセスメントツールであると改めて確認できた。

V．おわりに

　自閉症スペクトラムの描画とは何だろうか，というのが本論の大きなテーマであった。やはり，描画は体験世界やイメージの世界を映しだす写真のように筆者には思える。描画には，その時・その瞬間のクライエントの世界の見え方・感じ方，興味関心，発達段階，体験世界が複合的に映っており，それらを我々は忠実に理解することが大切であるように思う。従来，自閉症研究から得られた認知心理学や自閉症者の内的世界の知見が心理アセスメントにうまく活用されていなかったが，これらの知見をうまく活用することで描画法において自閉症者の体験に沿った臨床的理解が生まれてくるように思う。

本論が自閉症スペクトラム障害の描画法による心理アセスメントに一助となれば幸いである。

　文　　　献

Cox, V. (1992) *Children's Drawings.* Penguin Books. (子安増生訳 (1999) 子どもの絵と心の発達. 有斐閣.)

Drake, J. E., Redash, A., Coleman, K., Haimson, J., & Winner, E. (2010) 'Autistic' local processing bias also found in children gifted in realistic drawing. *Journal of Autism and Developmental Disorders,* 40(6), 762-773.

Drake, J. E.(2013)Is superior local processing in the visuospatial domain a function of drawing talent rather than autism spectrum disorder? *Psychology of Aesthetics, Creativity, and the Arts,* 7(2), 203-209.

Eames, K. & Cox, M. V. (1994) Visual realism in the drawings of autistic, Down's syndrome and normal children. *British Journal of Developmental Psychology,* 12(2), 235-239.

Frith, U. (2003) *Autism: Explaining the Enigma. Second edition.* Blackwell Publishing. (冨田真紀・清水康夫・鈴木玲子訳 (2009) 新訂自閉症の謎を解き明かす. 東京書籍.)

東田直樹 (2017) 自閉症の僕が跳びはねる理由. 角川つばさ文庫.

東山明・東山直美 (1999) 子どもの絵は何を語るか：発達科学の視点から. 東京書籍.

岩永竜一郎 (2010) 自閉症スペクトラムの子どもへの感覚・運動アプローチ入門. 東京書籍.

Jolley, R. P., O'Kelly, R., Barlow, C. M., & Jarrold, C. (2013) Expressive drawing ability in children with autism. *British Journal of Developmental Psychology,* 31(1), 143-149.

小林重雄・伊藤健次 (2017) グッドイナフ人物画知能検査　新版ハンドブック. 三京房.

熊谷高幸 (2017) 自閉症と感覚過敏：特有な世界はなぜ生まれ，どう支援すべきか？　新曜社.

松瀬留美子・若林慎一郎 (2001) 自閉症児の描画表現に関する発達的研究：言語発達と描画発達と関連について. 小児の精神と神経，41(4), 271-279.

明翫光宜 (2010) 人物画の発達臨床心理学的分析　中京大学心理学研究科・心理学部紀要，10(1), 9-20.

明翫光宜 (2011) 発達障害の描画研究の展望：主に人物画に焦点を当てて. 東海学院大学紀要，4, 215-225.

明翫光宜・望月知世・内田裕之・辻井正次 (2011) 広汎性発達障害児の人物画研究 (1) DAM項目による身体部位表現の分析. 小児の精神と神経, 51(2), 157-168. (第7章)

明翫光宜 (2012) 風景構成法の構成型に関する文献的考察. 東海学園大学研究紀要人文科学研究編，17, 241-256.

村田豊久 (2016) 新訂　自閉症. 日本評論社.

中島啓之 (1998) 非行少年における統合力の問題：風景構成法からの検討. 犯罪心理学研究，36, 42-43.

扇田博元 (1958) 絵による児童診断法. 黎明書房.

杉山登志郎 (1994) 自閉症にみられる特異な記憶想起現象：自閉症のタイムスリップ現象. 精神神経学雑誌，96(4), 281-297.

杉山登志郎（1995）自閉症児への精神療法的接近．精神療法，21(4), 17-24.

杉山登志郎（2009）そだちの臨床：発達精神病理学の新地平．日本評論社．

杉山登志郎（2011）基礎講座自閉症児への教育．日本評論社．

高石恭子（1996）風景構成法における構成型の検討―自我発達との関連から．In：山中康裕編：風景構成法とその後の発展．岩崎学術出版社，pp. 239-264.

滝川一廣（2017）子どものための精神医学．医学書院．

寺山千代子（2002）自閉症児・者の描画活動とその表現．臨床描画研究，17, 5-21.

Tomas, G. V., & Silk, A. M. J. (1990) *An introduction to the psychology of children's drawing.* （中川作一監訳（1996）子どもの描画心理学．法政大学出版局．）

辻井正次（2004）広汎性発達障害の子どもたち：高機能自閉症・アスペルガー症候群を知るために．ブレーン出版，pp. 22-30.

内田裕之・明翫光宜・稲生慧・辻井正次（2014）自閉症スペクトラム障害の風景構成法の特徴（1）構成型の視点から．小児の精神と神経，54(1), 29-36.

広汎性発達障害児の人物画研究
DAM 項目による身体部位表現の分析

Ⅰ. 目　的

　子どもを対象にしたアセスメント技法として，描画法は親しみやすく，短時間で簡単に実施できることから，臨床現場でよく使用されている。特に人物画は，知能や発達指標として有効性が高く，身体図式など発達支援においても有効な情報を提供することから広く活用されてきた。人物画の研究は，これまで実に多くの研究が行われてきている一方，広汎性発達障害（以下 PDDとする）を対象にした研究はまだ十分に行われていない。本研究は PDD の人物画の基礎資料を提示し，その基本的特徴について述べることとする。

（1）人物画による知能の測定
　人物画の利用の方向性として，Goodenough（1926）が「Draw a Man（以下，DAM とする）」を知能検査として用いたことを受け，一門・山下（1983）が，53 名の自閉症児に対して DAM と田中ビネーとの対応を検討し，DAM-MA, DAM-IQ ともにビネー MA，ビネー IQ よりも低くなると述べている。また，中野・勝野・栗田（1992）は，自閉傾向が高くなると人物画描画能力が低くなること，DAM-IQ がビネー IQ よりも劣る例が多かったと報告している。これに対して全般的知能に比べて人物画描画能力が高い傾向にあるという報告もある（渡辺・長沼・瀬戸屋ら，2002）。こうした結果の違いは，知能検査としての課題ないし刺激の違いが反映されること，つまり各検査に示される子どもの知的能力の対応が異なることが示唆される。
　一方，渡辺ら（2002）は自閉症の症状の程度を評価する CARS と DAM-IQ との相関が低いことから，人物画は自閉症状の程度よりは全般的知能の発達と関連があることを示唆している。さらに，人物画描画能力の発達をビ

※本論文は望月知世（NPO 法人アスペ・エルデの会），内田裕之（東海学院大学人間関係学部），辻井正次（中京大学現代社会学部）との共著論文です。

ネーと比較して PDD 群を「DAM 優位型群」と「DAM ＝ビネー型群」とに
分類し，CARS-TV の各項目を比較したところ，DAM 優位型群では，対人関
係や模倣，コミュニケーション，視覚的な反応について自閉症状が有意に高
かった。このことから，DAM 優位型の PDD 児は，一般的に大人や子どもと
の関わり（コミュニケーション，遊び，模倣）を通じて人間のイメージを作
り，自分のイメージを何度も描き，人物画を発展させていく人物画の発達の
プロセスとは異なる可能性を示唆した。Lim と Slaughter（2008）はアスペ
ルガー障害群（以下，AS 群とする）21 名と定型発達群 28 名を対象に HTP
法による比較を行い，人物画得点については AS 群が有意に低かったという
結果を見出している。また，人物画得点と VABS（Vineland-II 適応行動尺
度）のコミュニケーション領域得点との間に有意な正の相関があったことか
ら，Lim と Slaughter は，AS 群は全般的な描画能力は問題ないが，人物画
など特定の描画能力に問題があること，詳細な人間表象を持たないこと，人
物画を描く動機の低さ，描画順の違いなどの特徴を述べた。

　以上の諸研究から，DAM と知能検査の対応については IQ という数値だけ
から評価するのではなく，認知過程や情報処理過程などを考慮に入れること
で，人物画による PDD の心理査定の有用性は十分にあること，他の心理検
査との相関研究に示唆されるように，人物画はことばではなくグラフィック
な表現としてのコミュニケーションの発達と関連があることが明らかになっ
ている。

（2）PDD の人物画特性について

　一方，DAM 項目や Koppitz（1968）の発達指標・情緒指標の通過率[注1]
から PDD の特徴を検討した研究もある。一門・山下（1983）では，「胴」，
「衣服」，「指」，「脚」，「衣服全部」，「腕の長さ」の通過率が有意に低く，全
体としてアンバランスな人物画であることが示唆された。また Koppitz の情
緒指標では個々の指標に対する解釈は難しく，「非現実的なパターン化された
像」，「荒く不安定な描線」，「表面的な性差の抽出」などの特徴から，自閉症
の身体図式の希薄さ，不器用の問題，対人関係の障害を示唆した。

　また，藤本・磯部・山田ら（1991）は，自閉症群は身体に関する情報を一
般的な知識として抽出できるが比率や明細度など詳細な情報の抽出が困難で

注1）描画研究では，ある群のうち何名が採点項目を通過するかという指標を「通過率」
　　という。通過率の算出の仕方は通過人数と群内の人数の割合で示す。

あること，小林（1977）の DAM 法が発達的な順序に従って DAM 採点項目が配列されている点に着目し，非自閉症群や定型発達児群は大筋この順序に従っているが，自閉症群は発達順序に従わず，スキャッターが多かったことを報告している。

　是枝・東條（2004）は，自閉症児 20 名（男子 17 名，女子 3 名：range：7 ～ 12 歳）を対象に人物画を施行し，分析を行った。その結果，目や口，手や足など，身体の基本的な部分の描写は全般的にクリアできているものの，胴体の長さの割合や腕の付け方（通過率は 55％），頭や足の割合（通過率は 45 ～ 65％）など，身体像の全体的なバランスの描写がやや欠ける面がうかがえた。この傾向は，身体図式の未熟さや認知特性などが人物像を視覚的にイメージして，限られた紙面上に全身のバランスを考えて描画していくことに，少なからず影響を与えていると考察している。

　望月（2008）の研究では，定型発達群と比較して以下の特徴が指摘された。定型発達群は，間接の表現，顎の抽出，拇指の分化の表現など高度な人間らしい抽出表現になっていくのに対して，HFPDD 群は「首」，「首の輪郭」，「脚の割合」の通過率が低く，眼，口や手足のつき方などの基本的な抽出が不正確である傾向がある。また構図を決める上で重要な描き順に着目すると，定型発達群は「頭→髪→顔」などある程度のパターンが存在したが，HFPDD群においては実にさまざまなパターンが認められた。人物画の発達に着目すると，定型発達群の人物画は小学校 1 年生で基本像がほぼ完成し，完成後は手足の関節やバランスなど全体像としてまとめ上げていく傾向があるのに対して，HFPDD 群は小学校 3 年生になって基本像が完成し，その後は全体像よりは部分の細かさの抽出に向かう傾向があることである。

　事例検討として，末次（2003）は，言語性 LD，非言語性 LD，高機能自閉症，ADHD，境界線知能という発達障害児 5 例について人物画を通して分析を行った。その結果，発達障害に共通する特徴として「低い自己評価」，「弱い身体イメージ」，「特定部分への固執」，「知的レベルに比較して低い描画能力」，「独特な発達的変化」の 5 つの特徴を示した。近藤（2003）は，アスペルガー障害の男児事例の 6 歳から 12 歳までの間に描かれた 15 枚の人物画をGoodenough 法と Koppitz 法を用いて分析した。この事例における表現の変化を通して，PDD 児は定型発達児に比較して約 3 年の遅れを見せながら描画が発達していくこと，知的能力と人物画テストの成績が乖離しやすいこと，身体の一部を詳しく描く傾向，描画全般における統合不全，非相称，部分の欠如，全体のバランスが悪いなど，描画に心理的付加を加えることが少

ない傾向であることを示唆した。小坂・生天目・中村ら（2008）は，不登校で来談した PDD 児の事例研究において，瞳がない，手の指が描けていない，衣服が簡素であるという人物画の特徴を指摘している。

　以上の先行研究から，PDD 群は人物画の基本的な部分を抽出できるが，比率など身体の全体像を踏まえてバランスよく描くという構成力に問題があることが共通しており，この点が上記のビネー IQ と DAM-IQ の不一致を生んでいると考えられる。

（3）PDD の描画特性について

　このように，PDD の人物画には特徴があるが，こうした表現の成立機序に目を配ると，PDD 児の場合，入力情報を違う形式に変換するのが困難であることが注目される。例えば，自閉症児は視覚・空間情報を限定的で柔軟性のない方法で利用して描画課題に取り組むために，見えたものを見えたまま正確に描こうとする傾向があると考えられている（Eames & Cox, 1994）。また描画過程で絵を重ねる overlap や個々の要素を分離する fragmentation の視点から描画を評定すると，自閉症児群にこれらの特徴が多く該当するという。通常，人間という概念は身体部位の寄せ集めではなく人間像全体として統合されやすいが，自閉症児の場合，この統一感に欠けていること（fragmentation），注意の狭さ，統合の難しさ（overlap）があることが考えられている（Fein, Lucci & Waterhouse, 1990）。

　日本では，松瀬・若林（2001）が，自閉症児の描画に特徴的な表現として，特異なこだわり，細密な描写，特異な興味・関心に関連した描画，文字や記号の使用，抽象画的描画などが見られること，人物画の描出の遅さ・稚拙さを指摘している。こうした知見から PDD 児の認知特性が描画を通して理解できると同時に，木谷（2003）が指摘するように PDD 児の認知の準拠枠そのものを支援者が共有し，PDD 児を取り巻く環境や外的世界の意味（内的世界）を支援者自身が解釈し直す可能性は十分にあると考えられる。このように PDD 独自の描画の特異性が次第に明らかになっているが，現状の人物画の評価法は部分の明細を中心に加算していくシステムであり，PDD の描画過程や要素間の関連に注目していない。つまり，従来の評価法通りに解釈していくと PDD 独自の特性がどうしてもこぼれてしまう。人物画の採点システムにおいて，発達障害を捉える分析モデルを考案していく必要があるだろう。

（4）本研究の目的

　本研究では，PDD 児の人物画の特徴を明らかにすることを基本的問題点とし，同じ生活年齢の定型発達群との比較から，① PDD 群の人物画描画能力が本当に遅れるのか，②遅れるとしたら PDD 児が人物画のどの部分で得点が低くなり，描画能力の発達の遅れがどのような部分に表れやすいのかを DAM 項目を「人物の部分」，「各部分の比率」，「部分の明確化」の 3 つのカテゴリーに分けて検討する。なお，描画の発達研究の知見から，定型発達児が 9 歳に達すると，人物画はほぼ完成像を示すといわれている（小林，1977）。さらに，9 歳以降の人物画は表現の仕方の複雑化・簡略化という質的な変化が見られるという（小林，1977）。しかし，本研究では定型発達児の発達的変化ではなく，PDD 群にみられる人物画特性を明らかにすることを基本的問題点としたため，PDD 群，定型発達群共に 1 ～ 6 年生までを調査の対象とし，評定・分析を行った。

Ⅱ. 方　　法

（1）対象

　PDD 群については，児童精神科医が広汎性発達障害と診断し，1 名以上の臨床心理士が診断を確認している児童期事例 38 名（男子 33 名，女子 5 名）を対象とした。検査の実施においては，筆者らが対象児の保護者に書面にて研究主旨を説明し，同意が得られた児童に対して検査を実施した。分析の対象は，人物画を描くことのできなかった 4 名を除いた 34 名とした。また筆者らは，34 名のうち男児が 30 名と多かったこと，また人物画において性差が認められるという事実（日比，1994）に着目した。そこで，本研究では PDD 群の同質性を確保するために，以下の分析に男児のみの描画を用いた。なお PDD 群の内訳は，年齢 9.03±1.81 歳（range 6-12），知能検査（WISC-Ⅲ）による全 IQ の平均は，99.18±19.14（range 52-139）であった。

　また，定型発達群（以下 T 群とする）として，A 県内の公立小学生 1 年から 6 年まで 198 名が調査に参加した。各クラスには筆者らが，研究主旨を説明した後に調査を実施した。なお PDD 群との比較のため，男児のみを分析対象とした。分析対象児の内訳は以下の通りである（表 7-1，7-2）。

（2）調査期間

2008 年 7 月～ 11 月にかけてである。

表 7-1　本研究の対象児の内訳（低学年）

低学年	1年生	2年生	3年生	合計
PDD 群	3	9	1	13
T 群	17	15	17	49

表 7-2　本研究の対象児の内訳（高学年）

高学年	4年生	5年生	6年生	合計
PDD 群	7	7	3	17
T 群	16	18	14	48

（3）手続き

　PDD 群には個別に対面方式で，T 群には集団法で人物画を実施した。教示は「あなたと同じ性別の人を1人描いてね。頭から足まで全部描いてね」と教示した。「性別」という言い方ではわからない子どもに対しては「男か女かということです。あなたはどちらですか？」と確認したあと，描き始めるように促した。用紙は縦にして子どもに提示したが，横にしようとする子どもに対しては1度だけ「縦にして描いてください」と伝え，それでも横で描こうとする時にはそのまま描画させた。所要時間，描画中に見られた子どもの行動は調査者によって記録された。描画後，人物画の性別を確認し，不明な部位については質問を行った。

（4）材料

　B5 普通紙1枚，鉛筆，消しゴム。

（5）評定方法

　人物画については，小林（1977）による Goodenough 人物画知能検査の改訂版に基づいて 50 項目について評定した。その際に人物画描写の質を検討するために，野本（2000）にならい 50 の DAM 評価項目を，①「人物の部分」11 項目，②「各部分の比率」9 項目，③「部分の明細度」30 項目のカテゴリーに分類した（表 7-3）。3 カテゴリーの評価ポイントとしては，①「人物の部分」は身体像全体の部分・下位概念にあたり，これらに欠落があることは身体像全体の構成に問題があることが示唆される。また②「各部分の比率」は身体部位の欠落としてではなく身体部位それぞれが適切なバランスで描かれているかどうかを確認する項目群であり，③「部分の明細度」は丁

表 7-3　DAM 項目の分類

①人物の部分		②部分の比率		③部分の明細度			
No	Item	No	Item	No	Item	No	Item
1.	頭	8.	胴の長さ	10.	腕と脚の つけ方 A	34.	腕及び 脚の輪郭
2.	目	18.	脚の割合	11.	眉または まつ毛	35.	肩
3.	胴	21.	眼の形	12.	衣服	36.	肩または 腕脇の関節
4.	脚	24.	足の割合	13.	毛髪 B	38.	掌
5.	口	25.	腕の割合	15.	腕と脚の つけ方 B	39.	衣服の 部分 4つ以上
6.	腕	29.	頭の割合	17.	首の輪郭	40.	描線 A
7.	毛髪 A	33.	耳の位置 と割合	19.	衣服2以上	41.	脚の関節
9.	鼻	37.	顎と額	20.	両眼の瞳	42.	鼻と口の 輪郭
14.	首	45.	顔貌	23.	踵	43.	横向き A
16.	指			25.	頭の輪郭	44.	鼻孔
22.	耳			26.	衣服の 全部	46.	顎の突出
				28.	指の細部	47.	衣服の 種類完成
				30.	眼の向き	48.	親指の 分化
				31.	胴の輪郭	49.	横向き B
				32.	指の数	50.	描線 B

寧に身体部位や附属物を描くことで認知の分化度や洗練度・詳細な表現能力が反映される項目群である。

　本研究では，PDD 群の人物画特性を捉えるために，各 DAM 項目についての通過率を算出した。通過率が高いと PDD 群においてその項目が描かれやすい傾向を，通過率が低ければその項目が描かれることが少ない傾向を示す。

さらに総合的な指標として，通過した DAM 項目を加算したものが DAM 得点となり，その DAM 得点に基づいて DAM-MA（精神年齢），DAM-IQ（知能指数）が換算される。

なお，統計的解析には，Windows 版 SPSS Statistics18 を用いた。

III.　結　　　果

（1）DAM 得点，DAM-IQ について

分析にあたって PDD 群と T 群を低学年（1 ～ 3 年生），高学年（4 ～ 6 年）に分けて比較した。まず，DAM 得点，DAM-IQ について検討するために，PDD 群と T 群を年齢要因（低学年・高学年）×診断の要因（PDD・T）の 4 条件の平均値を示し（表 7-4），2×2 の分散分析を行った。

年齢要因と診断要因の交互作用が有意であったため（$F_{(1, 123)} = 5.14$, $p<.01$），Bonferroni 法を用いて単純主効果の検定を行った。その結果，低学年における診断要因の単純主効果（$F_{(1, 123)} = 18.39$, $P<0.01$）と PDD 群における年齢要因の単純主効果（$F_{(1, 123)} = 10.77$, $p<0.01$）が有意であった。

DAM-IQ では診断要因と年齢要因のそれぞれに有意な主効果が認められた（$F_{(1, 123)} = 5.67$, $p<.05$; $F_{(1, 123)} = 35.39$, $p<.01$）。なお年齢要因と診断要因の交互作用は認められなかった。

これらの結果から PDD 群の DAM 得点は高学年になると得点が伸び，DAM 得点，DAM-IQ において両群の差が狭くなっていくことが注目される。また高学年になり，PDD 群と T 群の DAM-IQ が低下しているのは，小林（1977）の指摘する通り，描画の簡素化が全体の得点に反映されたと考えられる。

表 7-4　PDD 群と T 群における DAM 得点，DAM-IQ の平均値

	PDD 群				T 群			
	低学年 (N = 13)		高学年 (N = 17)		低学年 (N = 49)		高学年 (N = 48)	
	平均	SD	平均	SD	平均	SD	平均	SD
DAM 得点	17.69	9.26	24.41	5.29	25.12	5.17	26.54	4.70
DAM-IQ	85.12	28.81	72.80	10.48	97.86	13.15	74.42	10.36

（2）DAM 項目の特徴について

次に，PDD 群の DAM 項目の特徴について比較した（表 7-5，表 7-6，表 7-7）。DAM 項目の通過率の差について x^2 検定または Fisher 直接法を行った。なお，Fisher 直接法は各セルの度数が 5 未満の場合に用いた。

人物画の基本的部分では（表 7-5），低学年の「毛髪 A」，「指」の項目において PDD 群が T 群に比較して有意に低かった。なお高学年において，PDD 群と T 群との間に有意差は認められなかった。

次に，人物画の部分の割合では（表 7-6），低学年の「胴の長さ」，「脚の割合」の項目において PDD 群が T 群に比較して有意に低かった。なお高学年において PDD 群と T 群との間に有意差は認められなかった。このように人物画の基本的な構成では，低学年において PDD 群と T 群にいくつかの描画のスタイルに違いが認められることがうかがえる。

最後に，人物画の明細度では（表 7-7），低学年の「衣服」，「毛髪 B」，「腕と脚のつけ方 B」，「衣服 2 以上」，「両眼の瞳」，「衣服全部」，「指の数」において PDD 群が T 群に比較して有意に低かった。高学年においても「毛髪 B」，「衣類全部」，「胴の輪郭」において PDD 群が T 群に比較して有意に低かった。

表 7-5　人物の部分における PDD 群と T 群の通過率の比較

Item	低学年			高学年		
	PDD 群 (N=13)	T 群 (N=49)	X^2 値または Fisher's P	PDD 群 (N=17)	T 群 (N=48)	X^2 値または Fisher's P
頭	13(100)	49(100)	n.s.	17(100)	48(100)	n.s.
目	13(100)	49(100)	n.s.	17(100)	48(100)	n.s.
胴	12(92.3)	49(100)	n.s.	17(100)	48(100)	n.s.
脚	12(92.3)	49(100)	n.s.	17(100)	48(100)	n.s.
口	13(100)	49(100)	n.s.	17(100)	47(97.9)	n.s.
腕	12(92.3)	49(100)	n.s.	17(100)	48(100)	n.s.
毛髪 A	10(76.9)	49(100)	P=.0075 **	17(100)	48(100)	n.s.
鼻	7(53.9)	33(67.4)	n.s.	10(58.5)	37(77.1)	n.s.
首	4(30.8)	16(32.7)	n.s.	9(52.9)	21(43.8)	n.s.
指	6(46.2)	48(98)	P=.00 **	13(76.5)	44(91.7)	n.s.
耳	5(38.5)	24(49)	n.s.	8(47.1)	31(64.6)	n.s.

＊：p<.05　＊＊：p<.01

表 7-6　人物の部分の割合における PDD 群と T 群の通過率の比較

Item	低学年			高学年		
	PDD 群 (N=13)	T 群 (N=49)	X^2値または Fisher's P	PDD 群 (N=17)	T 群 (N=48)	X^2値または Fisher's P
胴の長さ	8(61.5)	45(91.8)	P=.0151 *	15(88.2)	42(87.5)	n.s.
脚の割合	1(7.69)	19(38.8)	P=.0451 *	6(35.3)	17(35.4)	n.s.
眼の形	2(15.4)	19(38.8)	n.s.	7(41.2)	25(52.1)	n.s.
足の割合	2(15.4)	23(46.9)	n.s.	4(23.5)	18(37.5)	n.s.
腕の割合	5(38.5)	22(44.9)	n.s.	6(35.3)	20(41.7)	n.s.
頭の割合	4(30.8)	6(12.2)	n.s.	4(23.5)	9(18.8)	n.s.
耳の位置と割合	4(30.8)	17(34.7)	n.s.	5(29.4)	20(41.7)	n.s.
顎と額	6(46.2)	35(71.4)	n.s.	10(58.8)	27(56.3)	n.s.
顔貌	0(0)	0(0)	n.s.	0(0)	0(0)	n.s.

＊：p<.05　＊＊：p<.01

表 7-7　PDD 群と T 群における DAM 得点，DAM-IQ の平均値

	PDD 群				T 群			
	低学年 (N=13)		高学年 (N=17)		低学年 (N=49)		高学年 (N=48)	
	平均	SD	平均	SD	平均	SD	平均	SD
DAM 得点	17.69	9.26	24.1	5.29	25.12	5.17	26.54	4.70
DAM-IQ	85.12	28.81	72.80	10.48	97.86	13.15	74.42	10.36

　低学年の PDD 群は，明細度に示される人間の身体の細かな描写だけではなく，毛髪や指，衣服，瞳といった人間の身体に備わる基本的な部分を描くことも苦手であることが示唆された。

　低学年で抽出に困難を示した項目として「毛髪（A・B）」,「指」,「衣服」,「瞳」,「体の部分の割合（胴の長さ，胴の割合)」,「腕と脚の付け方 B」が挙げられた。高学年の PDD 群の特徴は，DAM 得点，DAM-IQ と同様に高学年になると T 群との差は，DAM 得点上は目立たなくなっていくことが明らかになった。高学年以降の人物画においては，DAM-IQ のような総合的な指標だけではなく DAM 項目の質的な部分を見ていく必要がある。高学年では，特に抽出に困難を示した項目として「毛髪 B」,「衣服全部」,「胴の輪郭」が

挙げられた。また PDD 群全体については，人物画の「衣類」と「毛髪」の部分に人物画描画能力の未熟さが示されるといえよう。

　PDD 群について，DAM の各項目を見てみると，毛髪が描けない子どもが 30 名中 3 名見られた。その他の子どもについても髪は描いているが，毛髪 B の基準では得点できない完成度の低い描き方をしている子どもが多く（30 名中 19 名），毛髪 B の通過率が低くなっている。また衣服についても，衣服を着ていないと判断できる子どもが 12 名おり，続く衣服 2 以上，衣服の全部も通過率が低くなっている（表 7-8）。

　以上の点をまとめると，PDD 児は，人物画において，全体的な人間像や身体のイメージの形成を経ての人物の表現ではなく，部分的で稚拙なイメージの描出や，部分的・断片的な形でかつ，実物を見たままに描写するスタイルになりやすいと考えられる。

IV. 考　　察

（1）DAM 得点，DAM-IQ からの検討

　PDD 群と T 群とを比較して遅れが見られるかどうかについては，人物画の総合的評価得点となる DAM 得点や DAM-IQ からは，低学年において遅れが認められるものの，高学年に差し掛かると PDD 群の DAM 得点に示される人物画描画能力の発達はめざましく，T 群と大きな差異を示さなくなっていくことが明らかになった。なお，両群とも DAM-IQ については数値として低下しているが，これは人物画表現の簡略化が反映されたものと考えられ，この点についても両群に差がなくなっていることは，PDD が T 群と同様に発達に伴って具象像から DAM では評価されない形での抽象的なシンボル操作を示すようになっていることが考えられる。

　このように DAM 得点や DAM-IQ といった集約的な指標では，幼児あるいは低学年にあたる PDD 児の発達的な遅れを査定する場合には有効性を示すことが考えられるが，以下に述べる DAM 項目の詳細な検討による PDD の人物画特性の把握を省いて心理査定を行うには限界があることが示唆された。

（2）AM 項目からみる身体部位表現の特徴

　DAM 項目を詳細な検討としていくと，PDD 低学年が有意に低かった項目としては，①人物の部分では「毛髪 A（No.7）」，「指（No.16）」という人

表 7-8　人物の部分の明細度における PDD 群と T 群の通過率の比較

Item	低学年			高学年		
	PDD 群 (N = 13)	T 群 (N = 49)	X^2 値 または Fisher'sP	PDD 群 (N = 17)	T 群 (N = 48)	X^2 値 または Fisher'sP
腕・脚つけ方 A	10(76.9)	47(95.9)	n.s.	17(100)	47(97.9)	n.s.
眉または睫毛	1(7.7)	15(30.6)	n.s.	8(47.1)	31(64.6)	n.s.
衣服	5(38.5)	44(89.8)	P=.0003 **	13(76.5)	44(91.7)	n.s.
毛髪 B	3(23.1)	36(73.5)	P=.0013 **	8(47.1)	36(75.0)	x^2=5.50 *
腕・脚つけ方 B	2(15.4)	28(57.1)	P=.0112 *	11(64.7)	37(77.1)	n.s.
首の輪郭	4(30.8)	16(32.7)	n.s.	9(52.9)	21(43.8)	n.s.
衣服 2 以上	5(38.5)	38(77.6)	P=.0102 *	12(70.5)	41(85.4)	n.s.
両眼の瞳	2(15.4)	28(57.1)	P=.0112 *	10(58.8)	31(64.6)	n.s.
踵	4(30.8)	24(49)	n.s.	8(47.1)	21(43.8)	n.s.
頭の輪郭	7(53.9)	38(77.6)	n.s.	9(52.9)	28(58.3)	n.s.
衣服の全部	5(38.5)	36(73.5)	P=.0245 *	10(58.8)	41(85.4)	x^2=5.25 *
指の細部	5(38.5)	28(57.1)	n.s.	9(52.9)	16(33.3)	n.s.
眼の向き	2(15.4)	24(49)	n.s.	8(47.1)	30(62.5)	n.s.
胴の輪郭	5(38.5)	23(46.9)	n.s.	6(35.3)	31(64.6)	x^2=4.39 *
指の数	3(23.1)	35(71.4)	P=.0028 **	11(64.7)	37(77.1)	n.s.
腕および脚の輪郭	3(23.1)	16(32.7)	n.s.	5(29.4)	18(37.5)	n.s.
肩	2(15.4)	13(26.5)	n.s.	9(52.9)	30(62.5)	n.s.
肩または腕脇の関節	1(7.7)	3(6.1)	n.s.	1(5.9)	2(4.2)	n.s.
掌	4(30.8)	29(59.2)	n.s.	10(58.8)	22(45.8)	n.s.
衣服 4 つ以上	1(7.7)	6(12.2)	n.s.	1(5.9)	4(8.3)	n.s.
描線 A	13(100)	46(93.9)	n.s.	16(94.1)	46(95.8)	n.s.
脚の関節	0(0)	2(4.1)	n.s.	0(0)	0(0)	n.s.
鼻と口の輪郭	2(15.4)	1(2)	n.s.	2(11.8)	1(2.1)	n.s.
横向き A	0(0)	0(0)	n.s.	0(0)	0(0)	n.s.
鼻孔	2(15.4)	4(8.2)	n.s.	5(29.4)	11(22.9)	n.s.
顎の突出	0(0)	0(0)	n.s.	0(0)	0(0)	n.s.
衣服完成	0(0)	0(0)	n.s.	0(0)	0(0)	n.s.
親指の分化	0(0)	1(2)	n.s.	1(5.9)	2(4.2)	n.s.
横向き B	0(0)	0(0)	n.s.	0(0)	0(0)	n.s.
描線 B	0(0)	0(0)	n.s.	0(0)	0(0)	n.s.

* : p<.05　** : p<.01

物画の基本的部分の欠落，②各部分の比率では「胴の長さ（No.8）」，「脚の割合（No.18）」による全体のバランスの難しさ，③部分の明細度では「衣服（No.12）」，「腕と脚 B （No.15）」，「衣服 2 以上（No.19）」，「衣服全部（No.26）」，「両目の瞳（No.20）」，「指の数（No.32）」という明細度の低さが挙げられる。これらに共通する点は人物画の顔以外の基本的部位の抽出の難しさである。人物画の発達研究の知見から発達早期に見られる「頭足人」の段階と対比させると，頭足人のような全体的に未分化な絵ではなく，全体の構造が未分化でありながら特定の部位が詳細に描かれるというアンバランスが散見された。また，これらの項目は，小林の発達経過の配列では大部分がNo.7 〜 20 の項目に当たり，PDD 高学年になると No.7 〜 20 の通過率が高くなり，T 群との差を示さなくなる。それゆえ，低学年の PDD 群の人物画の査定においては，これらの項目の通過率に着目することが査定の上での要点になるであろう。

　一方, 高学年の PDD 群の人物画の心理査定については, ③明細度の「No.12衣服」と「No.13 毛髪 B」で低学年から高学年に移っても通過率が T 群に比べて低かった。その他，①部分の「No.16 指」が描けない子どもは 30 名中 11 人おり，腕と手が分離していない描画や，団子のように手を描き，手という主要部位の末端に当たる指まで描出できない描画が見られた。また，③明細度の「No.20 両眼の瞳」については 30 名中 18 名が瞳を描出できず，眼を閉じて笑っているものや，黒丸で眼を描出した人物画が多かった。顔の主要部位におけるこうした特徴は一見して査定者の目を引くものがあり，PDDの独自の認知特性や身体図式が反映されていると考えられる。また有意差の認められた「毛髪 B」や③「No.12 衣服」については多様な表現がなされており，今後タイプ分類を試みる必要があると考えられる。

　さらに，T 群と有意差が見られず，かつ PDD 群でも通過率が高くなっている項目，つまり，発達に遅れが見られないと考えられる項目にも注目しておく必要がある。それは人物像の主要部位を除けば，③明細度「No.42 鼻と口の輪郭」と「No.44 鼻孔」である（表 7-8）。これは PDD 群に特徴的な，細かい描写の一端が見られたといえるだろう。この細かな部分の描出と人物画の基本的な部分の欠落の組み合わせを考慮することで, PDD 独自の人物画の特徴や認知特性に迫ることができるだろう。つまり，人物画の詳細に描かれている身体部位と未分化な身体的部位を合わせると，PDD 児の身体図式ひいては対人関係において注目する身体部位を理解することができる。例えば，顔が詳細に注目しながらも，瞳が描かれず，鼻・口の輪郭や鼻孔という顔の

図 7-1　事例の人物画

部位にこだわりを示しているというアンバランスさは注目に値する。ここで一例，実際の描画を示そう。小学校 6 年生男児（12 歳 1 カ月）の人物画である（図 7-1）。知能検査の結果は WISC で FIQ=91， VIQ=100， PIQ=83 である。DAM 得点は 31, DAM-IQ=74 である。多くの先行研究が指摘している通り，知能検査と DAM-IQ の乖離があることがわかる。この人物画には大きく 2 つの特徴がある。

　まず，基本的部分の欠落（首，耳）と部分の比率の描写の難しさである点である。首と耳について小林の資料では同年齢の定型発達児では 80％が通過している。また部分の比率において，この人物画が DAM の基準を満たした項目は「胴の長さ」，「眼の形」のみである。ここから人物画の全体像としては未分化な形で描かれていることがわかる。次に，全体像が未熟な一方で部分の明細度は鼻孔や口をはじめとする顔の部分の明細度が高い点である。通常ならば鼻孔の描出などとともに顔貌や顎の突出が伴うはずである。この 2 点の組合せに PDD の認知特性をうかがうことができる。

　なお，作品としての描画だけではなく，DAM 施行時の行動観察では，PDD 群の特徴として身体部位を描く時に，自分の手や足，検査者の目や耳を見ながら人物画を描いている子どもが散見された。これは PDD 児にとって，人物画を描くという作業が自分の中にある人物像や身体イメージを思い起こして表現する作業とは異なるプロセスを経ていると考えられる。このことは，PDD 児に身体図式を用いて人間のイメージをうまく形成することができな

いため（村田，1991），基本的な身体部位が描けなかったり，指や瞳などが簡素な表現になりやすいことと関連すると考えられた。感覚処理の観点からみれば，本研究の示す人物画における未分化な側面に着目することで，その部分の体性感覚の把握の困難さを推測できる。つまり，シングルフォーカスと呼ばれるような認知特性があると，ある身体部位に視覚的情報に注意を向けているために（注意の資源を使ってしまい），他の身体部分に注意が同かなくなり，認識が難しくなる（岩永，2010）。このように PDD の人物画特性は PDD 独自の認知特性が示されたものと考えられる。

文　　献

Eames, K. & Cox, M. V.（1994）Visual realism in the drawings of autistic, Down's syndrome and normal children. *British Journal of Psychology,* 12; 235-239.

Fein, D., Lucci, D., & Waterhouse, L.（1990）Fragment drawing in autistic children. *Journal of Autism and Developmental Disorders,* 20(2), 263-269.

藤本由紀子・磯部滋子・山田伊久子他（1991）自閉症児の描画行動：DAM 人物画知能検査における特徴．日本教育心理学会総会発表論文集，33, 867-868.

Goodenough, F. N.（1926）*The measurement of intelligence by drawings.* World Book.

日比裕泰（1994）人物描画法（D-A-P）絵に見る知能と性格．ナカニシヤ出版．

一門恵子，山下功（1983）自閉症児の対人認知について（Ⅰ）人物画を通して．熊本大学教育学部紀要（人文科学），32, 131-139.

岩永竜一郎（2010）自閉症スペクトラムの子どもへの感覚・運動アプローチ．東京書籍．

木谷秀勝（2003）高機能自閉症児の内的世界の理解について：学校不適応で来談した2事例の描画からの分析．臨床描画研究，18, 158-172.

小林重雄（1977）グッドイナフ人物画知能検査ハンドブック．三京房．

近藤智栄美（2003）アスペルガー障害児の人物画の発達．臨床描画研究，18, 173-195.

Koppitz, E. M.（1968）*Psychological Evaluation of Children's Human Figure Drawings.* Grune & Stratton.（古賀行義監訳（1971）子どもの人物画：その心理学的評価．建帛社.）

是枝喜代治・東條吉邦（2004）自閉症児の身体意識能力の特性：運動模倣と人物画の評価から．国立特殊教育研究所分室一般研究報告書：自閉性障害のある児童生徒の教育に関する研究，7, 65-70.

小坂礼美・生天目聖子・中村美乃里他（2008）不登校相談機関に来談した広汎性発達障害の児童生徒における描画特徴：バウムと人物画の検査所見について．第48回日本児童青年精神医学会総会，156.

Lim, H. K. & Slaughter, V.（2008）Human figure drawing by children with Asperger's syndrome. *Journal of Autism and Developmental Disorders*, 38(5), 998-994.

松瀬留美子・若林慎一郎（2001）自閉症児の描画表現に関する発達的研究：言語発達と描画発達と関連について．小児の精神と神経，41(4), 271-279.

望月知子（2008）高機能広汎性発達障害児の描画にみられる認知の特性について：WISC-Ⅲと DAM・自由画からの検討．白百合女子大学発達臨床センター紀要，11, 72-85.

村田豊久（1991）自閉症．医歯薬出版．

中野知子・勝野薫・栗田広（1992）発達障害児における人物画描画能力と自閉的傾向の程度との関係．乳幼児医学・心理学研究，1, 39-42.

野本智子（2000）人物画からみた学習障害児の特性．白百合女子大学発達臨床センター紀要，4, 28-39.

末次絵里子（2003）発達障害児の心理アセスメントとしての人物画テストとその活用について．臨床描画研究，18, 196-210.

渡辺友香・長沼洋一・瀬戸屋雄太郎ほか（2002）広汎性発達障害（PDD）児および精神遅滞児における人物画描画能力の比較研究．精神医学，44(4), 391-399.

発達障害のロールシャッハ法（1）

基礎研究の知見の紹介

Ⅰ．発達障害臨床の課題

　私が心理検査関連で，どんな研究を行ってきたかということですけれども，今日お話しさせていただくのはロールシャッハ・テストで，これまでの研究成果は『ロールシャッハ研究』（明翫・内田・辻井，2005；明翫・辻井，2007）と『包括システムによる日本ロールシャッハ学会』（明翫，2006；2008）で発表してきております。

　自閉症スペクトラム障害を略して ASD（Autism Spectrum Disorder）と言っておりますので，今後この言葉でいこうと思います。大学院の皆さんは多分トレーニングを受けて勉強されているのでご存知かと思いますが，ASDの方は生まれながらにして社会性の問題というか，社会性の部分で上手くいかなさがずっとあって，家庭でも学校でも職場でも日常生活のトラブルが起きやすいということはよく言われていますね。高機能というのは知的障害がないということです。機能が高いというように思わないでください。単なる知的障害を合併しないということだけです。いわゆる知的障害を合併しないASD のグループは，知能が高いあるいは普通の水準ということもあって，トラブルの原因に生まれながらに持っている社会性の問題があることが周囲になかなか理解されずに，非難を受ける，あるいはいじめを受ける体験（マイナス体験）が蓄積されていくことが大きな問題になっています。

　現在ではトラウマという視点で理解していく考えも出てきていますが，そういうマイナスの体験を積み重ねていく中で青年期に至ると，アイデンティティというものをまとめていく中で（そもそもそのアイデンティティをまとめていくのって，私たちは連続的になんとなく身につけていくのですが），発達障害の人はそれが難しくて，断片的で，どうやらモザイク的でばらばらになりやすいという所があって，その中でマイナスの体験があると，やはり他者，相手があまりにも怖くなってしまい，対人関係念慮だとか，一過性の精神病状態，いわゆる幻覚妄想状態に陥ることも，稀ではないというようなこ

とが 1990 年代から日本で言われてきています（辻井，1996）。

　そこで ASD の方が精神病状態に陥るという問題に対して，病院臨床の査定，アセスメントでは統合失調症スペクトラムと ASD との鑑別の問題があるということは明らかになってきています。スキゾイド，現在の言い方では失調型パーソナリティ障害と言われますが，その臨床像とアスペルガー症候群の臨床像がよく似ているというのが杉山先生の論文（杉山，2000）で書かれています。DSM-IV の診断基準を機械的に用いると，アスペルガー症候群の，特に調子が悪くなった症例に関しては，失調型パーソナリティ障害に似た症例に出会うことは数多くあると杉山先生は臨床経験から言われています。

　実際に一過性の精神病状態，いわゆる幻覚妄想状態のついた ASD の症例は，実は全国の精神科病院で統合失調症と間違えて診断・治療を受けていることが稀ではないと言われています。ASD の方が統合失調症と間違えた診断を受けて治療を受けるとどのようなことが起きるかというと，重たい薬を過剰に受けるようです。そうなると，もともと持っていた社会性なども下げてしまうということを杉山先生がおっしゃっています（加藤ら，2005）。ですからやはり両者に違いがあって，それを区別していくことがとても必要であるということです。そこで精神科治療でよく用いられている，オーダーされる投映法は統合失調症と鑑別する資料が提供できることが心理士として大切な仕事ではないかと思っています。この辺りが私の研究の大きな基本的問題点になります。

　実際に統合失調症と発達障害はどうなのか。似ているけれど本当に違うのかということに関する研究がいくつかあります。Wing というイギリスの精神科医が 1981 年に，自閉症の 3 つの障害という「Wing の 3 つ組」を整理しました。その Wing はアスペルガー症候群 18 例の症例のうち 1 例が統合失調症のような症状を示したと報告しています（Wing, 1981）。もう一人，Tantam という精神科医ですが，アスペルガー症候群の 85 名のうち 3 名が統合失調症と診断され，別の 4 名も幻覚状態を認めたことを 1980 年から 90 年にかけて報告しています（Tantam, 1991）。ちょうどこの時期は，アスペルガー症候群が社会的に認知され始めた時代です。一方，ASD 当事者の手記もあります。Donna Williams の『自閉症だった私へ』という本があるのですが，そこでも彼女が一時期幻覚を持っていたということを報告しています。また Lawson という女性の方ですけれども，彼女も手記の中で，統合失調症として長期にわたって治療を受けていたということが挙げられています。だ

から1990年代あたりは，アスペルガー症候群の成人は割と統合失調症として診断を受けていたということがこの辺りから分かってくるかと思います。

　では実際にどうか，ということですが，杉山先生の「精神病理学的研究」（杉山，2002）ではやはり幻覚・妄想を示す症例というのは杉山先生の症例の中でも，沢山というわけではありませんが，何人かいたということが言われています。しかしその大半は本当に統合失調症が発症したかということで，見ていくと，元々の社会性の障害プラス，フラッシュバックによって起こる，反応性の精神病状態であるということがどうやら明らかになってきたということです。また，稀ではあるということで付け加えておられましたが，ASDから明らかに統合失調症に移行したぐらい，いろいろなことができなくなってくるような，そのような発症したと考えざるをえないような症例も，確かに数例なのだけれども存在する……と。けれども，多くの症例は，反応性の精神病状態であるということを2002年の研究で報告しています。なので，統合失調症とASDは違うということを確認していただければと思います。次に人格障害の診断基準をアスペルガー症候群に当てはめたらどうかということですが，だいたい対応するようです（表8-1）。関係念慮というかそういうのは10歳前後に，特に適応が上手くいかなくなっている場合に生じるということです。2番目の魔術的思考，マジカルシンキングというものですが，アスペルガー症候群ではファンタジーに没頭，そのような症状がしばしば見られます。このように通常の成人の診断基準をアスペルガー症候群に当てはめてみると，随分対応しているということです。ここまで見ていくと，失調型パーソナリティ障害というのはアスペルガー症候群じゃないかという説もあるんですが，でも実際に杉山先生は確かに失調型パーソナリティ障害の人もいる，だけども多くはアスペルガー症候群と区別が付きにくい症例が多いのではないかと言われています。

II．研究知見を臨床に役立てるためのアセスメントの視点

　さて，ここまでが統合失調症とASDとの違いというお話でした。これから実際にロールシャッハ・テストのお話に入っていきますが，ひとまずアセスメントの基本的姿勢というのを確認していきたいと思っております。ここは先程の話にもつながっていくかと思いますが，「臨床での心理検査の仕事」と「研究としての心理検査の仕事」との違いを意識しておく必要があるかと思うので取り上げました。

表 8-1　失調型パーソナリティ障害とアスペルガー症候群の比較
（杉山，2000，p.482 を筆者が一部加筆修正して引用）

DSM- IV -TR の 失調型パーソナリティ障害の Criteria	アスペルガー症候群にみられる症状
関係念慮	10 歳前後しばしば認められる
行動に影響し，下位文化的規範に合わない奇異な信念，または魔術的思考（小児青年では奇妙な空想，思い込み）	ファンタジーへの没頭から物の擬人化を生じることがある。奇妙な思い込みもしばしば認められる
普通でない知覚体験，身体的錯覚も含む	知覚過敏に基づく知覚の混乱，時には知覚様式の混乱も生じる
奇妙な考え方と話し方（あいまい，まわりくどい，抽象的，細部にこだわりすぎ，紋切り型）	感情のこもらない独特な言い方をする場合が少なくない。抽象的で，細部にこだわるのは通常見られる
疑い深さ，妄想様観念	迫害的な体験（いじめなど）がある場合には多くみられる
不適切な，または限定された感情	恒常的に認められる
奇異な，奇妙な，または特異な行動または外見	しばしば奇妙な服装が見られる。またチックに基づく奇妙な動作を繰り返す
第一度親族以外には，親しい友人または信頼できる人がいない	療育者や家族以外との信頼関係を作ることが著しく困難
過剰な社会的不安があり，それは慣れによって軽減せず，また自己卑下的な判断よりも妄想的恐怖を伴う傾向がある	しばしば高い不安，自己同一性障害に基づく妄想的不安を示す場合も少なくない

　研究というのは，例えばあらかじめ疾患名とか諸概念が分かっていて，その中での実施，あるいはその中で特徴を拾っていくということが大きな仕事です。一方，臨床場面でいけば，疾患名が分からない，または分かっていても一旦脇に保留して置いておいて，自分でまた一から仮説を作り直していくという特徴ですので，この二つの視点を切り替えていくというか，ちゃんと持っておくということが，例えば大学院修了してから現場に行くときに必要な視点ではないかなと思います。
　そこで，次に実際に現場でよく寄せられる疑問や特徴ですが，よく言われるのが「心理検査の結果で ASD の特徴をすぐに出せない？」という風に聞かれることがよくあります。ASD の特徴，例えば「Wing の 3 つ組」という風な特徴が，それぞれの心理検査，ロールシャッハ・テストでも PF スタディでも「どの指標に当てはまるの？」とよく聞かれることがあります。これ

にはちょっと私は困ってしまうのですが，そこも現場のニーズに応える視点で言えば，心理検査とはリトマス試験紙ではないかなと思うことがあるのですが，でもここだけのニーズに応えていくと，「心理検査の本来の持ち味と少し違ってしまうのでは？」というようなことを最近考えています。そのようなリトマス試験紙的な使い方では困るな，というのは感じていて，例えばロールシャッハ・テストだと，形態水準のマイナスが多いからということで自動的に現実吟味の障害だと判断したり，統合失調症だという風に疾患名を当てはめていくというようなことが起こりがちですね。あと，人間運動反応，Mが少ないからだとか，P反応が少ないからというだけですぐに社会性の障害であると持っていくという考え方がリトマス試験紙的な使い方で出てしまうのではないかと思います。PFスタディだと，P反応と似たような指標でGCR（集団一致度）というのがあるんですが，それが低いからといって解釈仮説で即社会性の問題や欲求不満耐性が低い，あるいは自我防衛反応が多いから未熟で破壊的だと所見で書いてしまうと，どうもみんな同じような所見になってしまうような印象があります。

　研究の段階では共通した特徴だということでまだそんなに問題は起こらないかもしれませんが，臨床では大きな問題があるのではないかと思っていて，このままの所見だと，「○○ができない」，「□□ができない」とかできないことの羅列の所見になってしまいますので，介入に役に立つかと言えばやはり何かが足りない訳です。確かにロールシャッハ・テストで現実吟味の障害と言われる状態にあるかもしれないけれども，それだけで所見だと何かが足りないような気がしている訳です。では「何が足りないのか？」ということをこれから，今の私なりの考えでありますけれども，話していこうと思います。

　心理検査のもつ強さのルーツに戻ってみようかと思うのですが，もともと心理学というのは人間の心，分からないものを何とか理解していこうと学問が発展してきて，心というものは目に見えるものではないという前提で私たちは勉強しているわけですが，でも何かを手掛かりにしている訳です。何を手掛かりにしているかという所から考えていくといいのかなと思っています。これは心理学概論とかでよく出てくる，心理学の常識ですね。刺激があって，心があって，反応あるいは行動があるということです。

　ここで実際何を手掛かりにするかというと，私たちは人間の行動とか反応を手掛かりにしている訳です。これがロールシャッハ・テストやPFスタディでいうとプロトコルや反応ですね。そういう反応は観察可能で，あるいは

分析・解釈ができます。ここで私たちが「こういう反応をとる人は解釈仮説であればこういう状態かもしれない」とまず「推測」している訳ですね（断定しているわけでなく）。

　それでここが大事なのですが，心理検査を通じてその人のこころ（内的世界や認知特性，情報処理特性）を想定して，その立場から「日常生活ではどのような行動が現れるのか」とか，（検査者の立場ではなく）被検査側の視点から行動様式の意味を捉え直すことはすごく大事であるように思っています。例えば，発達障害の子の問題行動ってありますよね。あれも同じように，この子がどんな捉え方だとか，どんな処理の仕方をしているのかなと考えていくことによって，実は本人も困っているのではないかなと支援していくような視点が生まれてきます。このあたりが大事なのではないかなと思っております。

　それで，心理検査研究の主な仕事を，ここの図式に当てはめていけば（図8-1上側），こころの状態を推測するためには，解釈するのに参考になる視点というか，いわゆる解釈仮説とかそういうものが必要になってきます。しかし「今ある解釈仮説を当てはめるなら○○」ということではなくて，「その構造とか生のデータに戻って，その反応を解釈するのに役に立つ視点を提供する，あるいはそれを見つけていく」というのが心理検査研究の大きな仕事かなと思っております。

　では実際に臨床心理査定の業務としてはどうかということですけれども（図8-1下側），分析・解釈を行い，被検者のこころを「推測」するとありますが，その際に研究知見などを参考にしながら，被検者の外界の捉え方，こころの動き，情報処理の仕方を理解して，クライエントの日常生活での行動を予測していきます。これがアセスメントに関して最近の私なりに思っていることです。

Ⅲ．発達障害のロールシャッハ法：ロールシャッハ法の活用

　ロールシャッハ・テストの意義として，図版があって，これが何に見えますかという風に被検者に差し出す訳です。そこでの課題というのは，被検者が自分で，インクのシミを何か物に見立ててそれを言語で伝える，そして説明していくというものがロールシャッハ課題ですよね。つまりそこから得られた反応，ロールシャッハ反応というのは，被検者の個性が強く反映されて

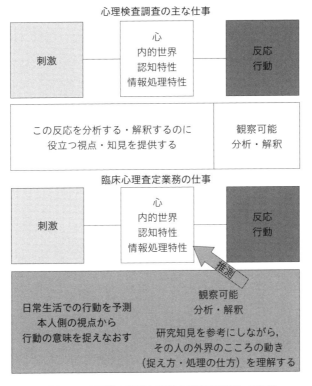

図 8-1　心理検査研究と臨床心理査定業務との関係

いると言われている訳です。

　どんな風に，どんな特徴が出やすいか，ということですけれども，ロール
シャッハ・テストは知覚実験をルーツにしています。元々は知覚あるいは認
知の実験をもとに出された知見になります。だから形式面というのをすごく
大事にしていたのですが，この形式面から何をどんな風に見立てたかという
所に，被検者の感情面や思考面を探ることができるということです。

　もう一つは図版を媒介にした対人相互交渉，対人関係場面であるというこ
とです。これは日常場面における対人関係の側面がある程度推測できます。
この視点は，古典にありますけれども Schachtel（1966）なんかは最後の方
の章で対人関係的側面についてのお話を詳しく書いています。この感情面・
思考面・対人関係の側面により浮かび上がりやすい特徴のある検査であると
いうのがロールシャッハ・テストということです。

　さて，ASD の方にロールシャッハ・テストを施行することの意味ですが，

一つは統合失調症との鑑別が必要だということです。もう一つ，臨床現場から大事であると現在考えていることをお話しますが，発達支援（介入）の視点からです。

　臨床現場からロールシャッハ・テストのプロトコルを分析することによって，ASD の人たちの「認知の道筋」をたどること（追体験）が可能になってきます。つまりブロットを全体状況と考えたときに，状況をどんな風に理解して捉えて，判断して，行動するかという道筋をある程度知ることが可能ではないかと思います。それで，以下のことは阪大法の辻悟先生の本（辻，1997）のあとがきに書いてある部分を私なりに要約しつつ紹介します。

　インクブロットや図版というのは，固定されてずっと残っています。特にロールシャッハ・テストのプロトコルもそうです。あれは私たちが判断したり，情報処理したりするときのプロセスがそこに浮かんでいる訳ですけれども，普段の面接だと話し合いの中で認知や捉え方，情報処理というのはどんどん流れていきますが，ロールシャッハ・テストだと記録が残っていますし，図版は固定されたものという条件があります。固定された媒体を使っているからこそ，そしてロールシャッハ・テストのプロトコルに残っている記録があるからこそ，その人の捉え方により分かりやすく迫っていける所がロールシャッハ・テストのすごく面白いところではないかと思います。

　ロールシャッハ・テストはだいたい 1 時間ぐらい時間が必要で，反応を筆記することがすごく大変で，修士課程の時にそこがまず大きなハードルだったり，スコアリングするのがすごく大変だったりするのですが，実はそのように記録を残すからこそ相手側の外界の捉え方に追っていける証拠というか，足跡というか，そのようなものを残すことができていることが大きいところだと思います。

　さて，ではこれから ASD のロールシャッハ・テストのレビューというか，大まかな特徴からいこうと思います。文献展望（明翫，2005）を書いていますけれども，初期の先行研究ではだいたい 1980 年あたりから 1990 年あたりの研究の特徴ですが，やはり形態水準が低いから現実吟味の障害があり，思考障害があるのではないかと言われていますし，どうも数量的分析の結果だと統合失調症に似ているのではないかという疑いが最初の研究でありました。

　そこで辻井先生，内田先生の 1999 年のロールシャッハ研究（辻井・内田，1999）で流れが変わってきます。どうやら「把握の未熟さ」，「認知の捉え方の未熟さ」というのが背景にあって形態水準が低下するということが分かっ

てきました。これまで形態水準が低いというのが，思考障害の現実吟味の障害であると考えられていましたが，そうではなくて，認知の未熟さがあるのではないかということをここで初めて知らされました。もう 1 つは，普通のスコアリングに乗りにくいような，訳の分からないような反応様式があるということで，独自の反応様式があると示唆されています。

　そのほか，割とまとまった人数での研究を紹介します。辻井先生，内田先生の研究では 30 例, 海外で 2001 年に研究が 1 つあります。それは Holaday（2001）が 20 名ぐらいの研究をエクスナー法で発表しております。ロールシャッハ変数から，例えばMが社会性に関連しているのではないかと仮説を立てて，アスペルガー症候群鑑別のガイドラインのようないくつかの指標を仮説的に提案しています。それが 2001 年の研究です。

IV.　数量的分析からの知見と課題

　では実際にここからは私の研究の話なのですが，ASD のグループと大学生群を数量的分析によって比較を行いました（図 8-2）。これはエクスナー法での指標なのですが, X- と書いてあるのは形態水準がマイナスのもののデータです。X- というのは形態水準マイナスの割合が 0.27（27％），大学生群が 14％で，やっぱりマイナスの水準が高いです。F というのはいわゆる形態反応ですね。これは平均値です。ASD 群は 15.31，大学生群は 8.67，だから圧倒的に形態反応が多い。ということは色彩反応や運動反応を統合することは難しいということがいえます。その一個下にある ALLH というのは人間反応の全体の数をカウントしたものです。これもやはり少ないし，P 反応も少ない。これをまとめていくと, 形態水準はやはり著しく低いということです。あとは形態反応が高い。人間反応，平凡反応が少ない。だから要は，形態水準が低い形態反応が多いというようになりました。これは，1999 年の内田先生，辻井先生の研究とほぼ同じ結果になります。

　一方，統合失調症との包括システム法での比較になりますけれども（図 8-3），同じく X- に注目してほしいのですが，ASD のグループは 0.28 いわゆる 28％マイナスなのですが，統合失調症は 33％です。これは有意差は出ませんでした。一方 X+ というのは，大雑把にいうと片口法で言う ± 以上の反応を集めたものですけれども，これだと ASD 群は 0.42（42％），統合失調症群は 0.44（44％）です。ということは, 形態水準だけを手掛かりにするとどうも鑑別することが難しいということがわかりました。だけれども面白い

高機能広汎性発達障害群と大学生群との数量的分析による比較（明翫，2006）：
先行研究（辻井・内田，1999）とほぼ同じ結果
1．形態水準の著しい低さ
2．形態反応の低さ
3．人間反応，平凡反応の少なさ

	HFPDD	大学生群
X -%	0.27(0.14)	0.14(0.10)
F	15.31(6.72)	8.67(7.36)
AIIH	3.83(4.01)	6.62(5.79)
P	2.83(1.95)	4.95(1.66)

図 8-2　高機能広汎性発達障害のロールシャッハ研究（1）
大学生群との比較（数量的研究）

高機能広汎性発達障害群と大学生群と統合失調症群との数量的分析による比較
（明翫，2008）：形態水準を手掛かりにすると鑑別が難しい。
1．両群とも形態水準が著しく低い
2．特殊スコアの合計は統合失調症が著しく高い
3．統合失調症には形態を伴わない C や m が多い

	HFPDD	大学生群
X-%	0.28(0.12)	0.33(0.11)
X + %	0.42(0.15)	0.44(0.12)
C	0.18(0.66)	0.96(1.13)
m	0.68(1.21)	1.70(1.49)

図 8-3　高機能広汎性発達障害のロールシャッハ研究（2）
統合失調症群との比較（数量的研究）

と思ったのは，C，包括システムでは PureC という風に言いますけれども，これとmが統合失調症に多い。比較すると有意差が出てきて，どうやら統合失調症の方は形態を伴わないCとかmが割と多く出ていたなと思います。必ずしもそうではないのですが，そのような反応はいくつかありました。もう一つは特殊スコアという思考障害を示唆するようなものが ASD にも結構当てはまるのですけども，レベル2にあたるより重たいスコアが統合失調症には多く当てはまって，合計でいくと，統合失調症の方が高い結果が出ました。なので，こうしてグループを分けて比較してみると，「まずこれ」といった指標は無いのですが，何か違うなというのはこの研究から伺えました。ここまでが数量的分析の大まかな部分です。

さて，数量的分析が一つのまとめですが，ASD と統合失調症をいわゆる形

式分析や数量的分析，あるいは包括システム法でいう構造一覧表で見るとどうもやはり似ているし，決め手になる指標が現状では見つからないんですね。どういうことかというと，やっぱり両群とも形態水準が低いし，形態反応が高い。F 反応の高さも統合失調症にもありますし，P 反応も少ない。人間反応も少ないということが言われます。また辻井先生・内田先生の研究（1999）の結果ですけれども，修正 BRS というマイナスに行けば行くほど適応水準が悪いとされる指標があるのですが，現実喪失段階の -30 点に該当するものが辻井先生・内田先生の研究では 50%，いわゆる半分が該当していて，やはり数量的な手掛かりだけだと「何か違うのだけれどもその違いが上手く見つからないし，よく見ていかないと間違って統合失調症として所見を書いてしまう可能性」があるんだろうなということが改めて確認されました。というのが数量的分析の特徴です。

　なぜこのようなことが起きるのだろうということですが，従来のロールシャッハ・テスト研究は，統合失調症あるいは気分障害のデータから収集が始まっています。それで，だいたい 1980 年代から 90 年代ぐらいにパーソナリティ障害のデータが積み重ねられてきていますけれども，発達障害のデータというのは実は 1980 年代からスタートした研究です。私たちが発達障害のロールシャッハ・テストを研究し始めた時，頼りにする（比較する）データは統合失調症を中心としたデータになってしまうんですね。だから統合失調症を中心とする精神疾患のデータを頼りにしていくと，そもそもロールシャッハ・テストで今まで積み重ねられてきた解釈仮説，いわゆる研究の知見というのが，精神疾患のデータをもとに構築されているので，それに当てはめていくと統合失調症と区別がつかなくなる（辻井・内田・原，2003）。これは発達障害のロールシャッハ研究の大きな壁だったんですね。ですので，「反応が似ているけどどこか違う，その所をどう記述していくか」という点が大きなテーマでした。両者のロールシャッハ反応はどこかが違うので，それを質的に研究していくことが必要なのです。これを数量的分析だけでやっていくと，難しいという話です。

　ではなぜ難しいかということですが，ASD のロールシャッハ反応は数量的分析とか通常使われるスコアに反映されなくなります。通常私たちが使っている記号体系に漏れてしまうんです。無理やり当てはめてみることもできますが，そうすると彼らの特徴がうまく反映されなくなります。では，その側面を最初から記述していこうということが大きなテーマになっていて，それを使う視点として，今回一番お話したいのは，「形式性の分析」というもので

す。これを使うことでより ASD のロールシャッハ反応が浮かび上がりやすくなると思っております。なので，これから形式性の分析というのを中心に解説していこうと思います。

Ⅴ．形式性の分析からの知見

　さて質的な分析というのを私たちは継列分析というもので理解していきます。継列分析というのは実は 2 種類あるんですね。 1 番目は私たちがよくトレーニングするときに使う，精神分析的自我心理学の視点です。ロールシャッハ反応から精神力動を読み込むことによって，その人の自我防衛や自我機能を分析していきます。Schafer の精神分析自我心理学の視点を上手く応用した考え方ですね。

　2 番目は，形式的な側面をより掘り下げる分析を，「形式性の分析」と言います。私たちが片口法でする形式分析とはちょっと違います。形式分析というのは数量的分析のことを示していて，形式性の分析は，「一つひとつの反応の成り立ちを分析していく」ことになります。この形式性の分析の方法は，Rapaport の逸脱言語表現とか，日本のロールシャッハ・テストで言えば，阪大法と名大法の思考言語カテゴリーがこのあたりを得意とします。 1 番目と 2 番目は明らかに視点が異なる訳ですが， 1 番目は普段私たちがトレーニングしていますので良いかと思いますが， 2 番目はなかなか馴染みがないのでこれを紹介していこうかと思います。

　現在のロールシャッハ教育ならびに研究に関する課題ですが，精神分析的な視点の知見・教育がメインで行われています。その視点というのは自我防衛とか対象関係についての知見はすごく豊かで，必要な視点だとは思っていますけれども，どうしても生物学的要因に起因する認知特性，いわゆる自閉症や発達障害の視点が欠けてしまうんです。発達障害研究の領域で投映法の研究をすると，「まだ投映法なんてやってるの？」と言われたり，「使えないでしょ？」と言われたりすることもあるのですが，それはどうしても自我防衛や関係性の視点で全てを記述してしまうがゆえに，発達障害の領域で認知特性知見を紹介できないからだと思います。しかしロールシャッハ・テストは元々形態知覚実験ですので，その部分を上手く記述すると投映法としてかなり使えるのではないかと思っています。ですので，数量的分析いわゆる形式分析，精神分析的自我心理学だけで解釈を行うと，やっぱり自我防衛や対象関係ということだけに視点が偏りがちなので，＋αとして「形式性の分析」

というのを持つと良いのではないか，特に発達障害に関しては必要不可欠だという意見を私としては持っています。

　さて，形式性の分析は，阪大法の形式構造解析と名大法の思考言語カテゴリーというものがあります。名大法の思考言語カテゴリーはスコアが84個もあるんです。ですからやっと普通の決定因とか内容を覚えたと思ったら，さらにプラス84個といったらみんなしょげてしまうカテゴリーですが,結構上手く使うと役に立ちますので，関心のある方は是非とも見ていただければなと思います。これは1964年に植元先生の学位論文で思考言語カテゴリーが発表されて,『ロールシャッハ研究』誌というのが大学に置いてあるかと思いますが，1974年に植元先生の名前で発表されていますので（植元，1974），ぜひとも見ていただけたらと思います。この時代のあらゆるスコアの集大成です。

　さて，形式性の分析の実際の紹介にいきます。阪大法の視点というのは主に，子どものロールシャッハ反応の知見を使っています。植元先生の思考言語カテゴリーは Rapaport の逸脱言語表現が中心に使われています。

（1）子どものロールシャッハ反応の研究

　さて，子どものロールシャッハ反応というのは，大人のロールシャッハ反応とは明らかに異なっているというのが1930年あたりから言われてきています。どうやら子どものロールシャッハ反応は形態水準が低いということで,昔は質的な違いというのに注目していなかった時代もあるのかもしれませんが，子どもは健康な統合失調症だという風にどこかの文献で読んだことがあります。大人の成熟したロールシャッハ反応と違っていて，形態水準もまた未熟だということです。

　では形態水準がマイナスという反応とは何なのかというと，いわゆる子どもの未熟な反応と思考障害の2パターンあるのですね。「マイナス反応だから現実吟味の障害」じゃなくて，マイナス反応がどうして来たのだろうということを考えると，知覚の未熟さか思考障害が起きてマイナスになっているということを理解する手掛かりがあるように思います。ですから形態水準のマイナスという反応には，知覚の未熟さによる反応と思考障害による反応とがあるのだということを，覚えていただければと思います。それは子どもの認知と大人の認知を比べると，大人は統合的かつ，抽象的な思考というように考えていけば，確かに反応が違うのは納得できると思います。

　形態水準の数値がマイナスだから自動的に現実吟味の障害ではなくて，マ

イナスになったプロセス，これを反応産出過程と言います。図版を受けて，図版をどのように処理して，自分なりの反応を見立てて，言語で伝えるという一連の流れとか，情報処理のプロセスというものを検討する必要があります。

　ではここから実際に子どもの反応の話にいこうと思います。これは阪大法の話です（図8-4，辻，1997）。以下，辻先生（1997）のロールシャッハ検査法の一部で私なりに理解したことを要約しつつ，解説をしてみます。この丸を付けている部分ですが，Wのパーセンテージです。幼稚園から小学校6年生までのデータを取っていますが，このようなUの字になっています（図8-4上部）。幼稚園の頃はWが高くて，小学校1，2年生になると下がっていって，小学校4，5，6年生になると上がっていくという道を辿っていますね。数値的に言うと。その下のdというのを見てほしいのですが，これは逆のパターンです。山形になっています。幼稚園の時あたりは低くて，小学校1，2年生あたりになると立ち上がっていって，小学校4，5，6年生になってくると緩やかに下がっていく。この事実に阪大法の辻先生は注目したのですね。それで，同じく形態水準で見ていくとこんな感じです（図8-4下部）。F+%が，同じく小学校1，2年生を境にぐっと上がっているのが分かると思います。同じく下にあるF-%，いわゆる形態水準がマイナスのパーセンテージが，幼稚園のあたりから下がっていって，小学校3，4年生になってくると横ばいになっているということです。どうやらここを見ていくと分かるように，小学校1，2年生のあたりを境に，ロールシャッハの反応の質が変わっているということです。Wが優勢な時期で，形態水準がマイナスで，というような時期から，dがちょっと上がって，F+がちょっと上がっている，そのような時期を経て，Wがまた上がって，でも形態水準も上がっていくという風に「反応の質が変わっている」というのは，大きなポイントなんですね。ではこの小学校1，2年生の部分あたりで，どうやら子どもの認知というものが大きく質的に変わるんだということに阪大法の辻先生は注目したわけです。

　そこで，ロールシャッハ反応の質が成熟した反応，いわゆる大人のロールシャッハの反応に変化する，小学校低学年の部分の所ですね。「初期集約的把握型」と辻先生は呼びました。これは文字だけ読むとすごく難しいのですが，子どもが初めて正確に対象を把握し始めた時期の把握型です。今までは曖昧でぼんやり把握していたものが，dが上がって行くことで，「正確に，絞って対象を見始める時期の把握型」なのです。ちなみにこの初期集約的把握型というのが一つの基準になっていて，それを超えているか超えていないかで反

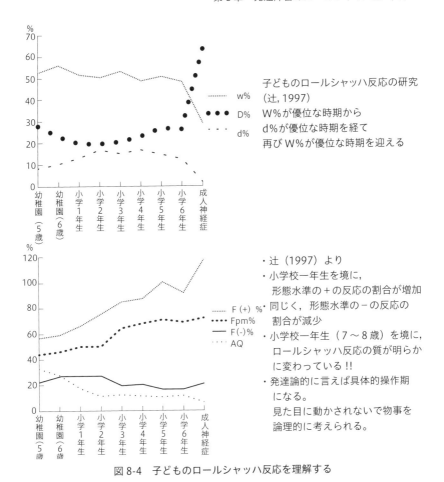

図 8-4　子どものロールシャッハ反応を理解する

応を分けているんです。そしてこの初期集約的把握型に達していない未熟な反応のことを，「初期集約的把握型以前の把握型」と呼んでいます。意味は，幼児期の幼い未熟なロールシャッハ反応です。どうやら臨床群はこのあたりの反応が結構多いのだと言われています。

　阪大法の全体反応と部分反応の考え方ですが（辻，1997），ロールシャッハをする時に，「これは何に見えますか？」とカードを差し出しますよね。差し出した時の「これ」というのは何かと言うと，ブロット全体を指します。だから，「これは何に見えますか？」と差し出した時のインクブロット全体が「これ」になるのですけれども，成人の場合はそれを上手く取り込んで，統合して，全体反応を出す訳です。だから片口先生の教科書では，Wは抽象

的な思考とか統合力があるとか，そのように割とプラスな解釈仮説になるのは，一つひとつを上手く取り入れて統合していく力があるという前提があるからです。W％が高いとそのような力が高い，あるいは野心があるという風になる訳です。

　一方，子どもの全体反応というのもあります。これも片口先生の『心理診断法』でちょっと 1，2 行載せてありますけれども，詳しくは辻先生の『ロールシャッハ検査法』(1997) で書いてあります。子どもの全体反応はブロット全体を使わないといけないから従ったという風な受動性を示します。つまり「これ何ですか？」と言った時に，自分が分かるものと分からないものと区切っていけないような「差し出されたものはこれだから，これで何か無理やり出した」というような，あるいは「だって全部使わないといけないから」という風な反応の出し方です。意味としては，その状況に自分が取り込まれてしまうような，その状況に自由のない拘束のされやすさというのを解釈仮説として挙げています。だから全体反応でも質的に分けると 2 種類に分かれます。

　一方，部分反応というのは，そもそも「これ何ですか？」と言った時の「これ」というのはブロット全体なのだけれど，ロールシャッハ・テストのブロットって結構曖昧な形をしていますよね。曖昧な形をしているので「ここだけ」という風に区切りやすいんですね。そのように部分反応を自分で切り取るというのが能動性・主体性の動きです。自分の都合で自分のわかるものとわからないもの，自分の反応しやすいものに切り取るということができるようになっています。これが能動性とか主体性のサインだと言われています。それからロールシャッハを取っていく時に，上手な部分反応を出せるかどうかに着目して見ていくと，その人の力が見えてくるような気がします。これが阪大法の全体反応と部分反応のエッセンスになると思います。それで，把握の未熟さというのは発達障害のロールシャッハ反応を理解するのに必要なキーワードになります。把握と言いましたが，ロールシャッハで言う所のロケーションになります。これが発達の特徴的な変化を辿るというのがMeili-Dworetzki (1956) が述べていますし，辻先生の阪大法はこの Meili-Dworetzki を元にロールシャッハ法を作っておられます。

　まとめると，全体的な把握なのだけれども，物事の見え方がぼんやり未熟で未分化で，結果的には W- という時期があって，先程前のスライドで d が大事だという話をしましたが，そこから自分のわかる部分が出てくる，いわゆる分析的な知覚，ちゃんと物事を観察して捉えようとする力があって，こ

こが物事の細かな部分も考慮して，でもわかる部分は大きく切り取っていくということです。これが小学校低学年に入るまでの発達の動きです。ここから先，それができた後は，部分と全体の統合が可能になってくる，いわゆる大人の成熟した反応が多くなってくる。いわゆる W+ の反応も d+ の反応も出てくる。これが成熟した反応です。これが全体状況を正確に把握していく，抽象的な思考ができることにつながっていきます。

　それで，発達障害の反応というのは，どうやら未熟な全体反応が，たくさん該当するのではないかと考えられています。主にロールシャッハ反応を発達理論で整理された文献に以下のようなものがあります。Meili-Dworezki の大域的融合的把握というものと，もう一つは Klopfer の中に入っていますけれども，Fox（1956）の年齢パターンというのがあり，空井先生の論考に紹介されています（空井，1996）。近年では Leichtman（1999）という研究者が『The Rorschach』という本を書いていて，その中でこれまでの研究をまとめたものがあります。私は，このような知見を使いながら，把握の発達を細かく分類することによって，思考障害ではない把握の未熟さということを理解していく，記述していくことをやっていました。ではこの大域的融合的把握や発達の未熟な反応はどんなものかということを具体的にいくつか紹介していきたいと思います。

（2）初期集約的把握型以前の把握型

　辻先生が言うには３つがあるのですけれども，言葉だけで説明しようとするとなかなか難しいので例を示しながら説明していこうと思います。

　１つ目は濃淡とか空白の部分に基づいた曖昧な全体反応。２つ目はブロットの輪郭を用いるのですけれども，非常に単純で図式的な全体反応。３番目は DW という反応に代表されるのですけれども，部分を手掛かりにして反応していくという部分決まりの反応。この３パターンの話をします。

　融合的大域的把握というのは何か。ブロットを非常に単純で図式的に用いた反応です。「丸いからボール」といった反応や，そこから部分知覚が発達していくと，ブロットと一部分だけ一致しているという状態になります。次のステップとして，いろんなものが見えて，部分的な現実吟味力が発達していくのだけれども，いるものといらないものの区別ができなかったり，全部使わないといけないと思ったりして，作話的結合反応のような状態になってしまう。こういうものが子どもの未熟な反応の中の発達段階になります。だいたいこのような流れで発達していくようです。

　それで，濃淡の，また空白に基づいた反応ですけれど，Ⅰ図版で，雲，とかですね，岩とか山とかですね。それぞれの細部には注目せずに，何か黒い塊があるから山だろうとか，岩だろうとか，そういう風な使い方が一番未熟で曖昧な反応だそうです。

　次はブロットの輪郭を一応は使っているのだけれども，非常に単純な使い方です。Ⅱ図版でいうと，ブロットがあって真中に少し穴があいていますよね。だから，穴があいているからドーナツという風に言うわけです。輪郭を少し変えてみますけれど，こういう感じで捉えている。これは細かく見ればそのような反応を出せないのですけれども，あまりにもぼんやり把握していると，穴があるからドーナツ，といった形になります。あとⅦ図版でよく出てくるのが，アルファベットのＵですね。そういう反応がよくあります。あるいはちょっと一般成人でも出やすいのがブーメランとか。ブーメランはⅤ図版ですね。このように非常に曖昧で，一個一個細かく見たら，そういう風には反応が出せないのですけれども，あまりにぼんやり見るとそういう風に見えてしまう（図8-5）。

　そのような並びで発達障害と大学生群を比較してみると（図8-6），大域的融合的把握というのは例えばさっきのアルファベットのＵとかですが，ASD群では17個該当して12人（全体の35％）が出しています。

　下の部分決まりの反応はDWからD→W, Dd→Dという風な反応です。これは全体としては部分決まりの反応と見てもらえればいいのですが，DWとD→Wとの区別も重要になってきて，D→Wのものが55％，34名中19名出していて29個の反応を出しています。若干ながら大学生群も把握の未熟なデータが数人あって，出ていますが，やはりχ二乗検定をかけると，HFPDD（ASD）群は有意に多いです。

　あとよく出ると思うのが，The confabulatory combinationという，それぞれ細かくはちゃんと見れてはいるのだけれど，統合できないという反応があります。ASD群23％で14個あって，これはfabulized combinationにも該当して，なかなか区別しにくくなるのですけれど，子どもの反応としてThe confabulatory combinationというのをあえて記述していくことが大事かと思っています。これが大学生群と比較して，やはりASDのグループはこのような反応が出やすいんだということがわかると思います。

　さて次は統合失調症群との比較です（図8-7）。下線の部分が特に有意差が出た，注目したい部分なのですが，SyncreticというさっきのアルファベットのＵとか，そういうものは統合失調症に出ないこともないのですが，ASD

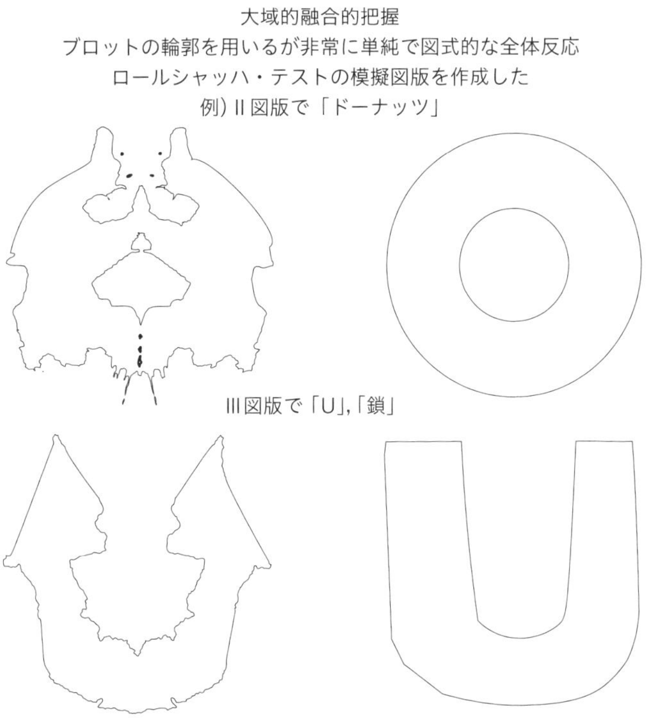

大域的融合的把握
ブロットの輪郭を用いるが非常に単純で図式的な全体反応
ロールシャッハ・テストの模擬図版を作成した
例）Ⅱ図版で「ドーナッツ」

Ⅲ図版で「U」,「鎖」

図 8-5　大域的融合的把握の例

　に多いなと思いました。あとここでDWとD→Wの区別が重要だと思ったのですが，DWというのは片口先生の本を読んでもらうと，内閉的思考とか自閉的思考で現実吟味はかなり悪いという風に書いてありますが，それは統合失調症にも出てきて，しかし本当のDWはASDでは少ない。2人ぐらいなんです。
　一方D→Wに持っていくような反応というのはかなり多くて，ここが重要なんですけれども，D→Wという記号を知らなければ結構D→WやDd→Dは，DWとして処理される可能性があるので，この辺の区別は重要だと思っています。もう一つ The confabulatory combination というのは，統合失調症にも多かったのですが，スコアリングしていくにつれて何か違うな，何か発達障害と統合失調症は違うなということを感じていて，それを分けるものがないかということで Rapaport を理解しないといけないなということでした。

・高機能広汎性発達障害群と大学生群との比較（明翫・内田・辻井，2005）
・未熟なスコアが HFPDD 群に有意に多く該当する

子どもにみられる未熟な把握型	HFPDD 群 N = 34			大学生群 N = 21			X^2 TEST
	個数	人数	%	個数	人数	%	
Syncretic	17	12	35.3	0	0	0	9.48 *
DW	3	2	5.9	0	0	0	
D → W	29	19	55.9	4	4	19	7.24 **
Dd → D	18	11	32.4	1	1	5	5.79 *
The confabulatory combination	14	8	23.5	0	0	0	5.78 *

＊：P < 0.05　＊＊：P < 0.01

図 8-6　高機能広汎性発達障害のロールシャッハ研究（3）
HFPDD 群と大学生群との比較（把握型に着目して）

・高機能広汎性発達障害と統合失調症群との比較（明翫・辻井，2007）
1．DW と D → W の違い
2．作話的結合反応の質的な違い

把握型		HFPDD 群　N=34		S 群　N=39		X^2-test
		個数	人数（%）	個数	人数（%）	
①	Syncretic	17	12(35.8)	5	8(7.7)	8.47**
②	DW	3	2(5.9)	9	9(23.1)	4.20**
③	D'W	2	2(4.9)	0	0(0)	n.s.
④	D → W	42	23(67.6)	5	4(10.3)	25.67**
⑤	Dd → D	26	14(41.2)	5	5(12.8)	7.59**
⑥	The confabulatory combination	21	18(88.2)	50	24(61.5)	3.94*

＊：p < 0.05　＊＊：p < 0.01

図 8-7　高機能広汎性発達障害のロールシャッハ研究（4）
HFPDD 群と大学生群との比較（把握型に着目して）

　そこで DW と D→W の違いですが，形態水準ですけれども，DW は常にマイナス反応なんですね。Klopfer の形態水準では，-1.5 というレベルが下から2番目に重たいスコアです。片口先生の本などに書いてありますが，部分と全体が混乱してしまっている反応で未分化が起きている反応です。D→W

というスコアは，その後の反応の与え方でプラスにもなればそこそこ良い反応にもなるし，マイナスにもなる反応なんです。最初はDで見ていたのだけれども，最終的にはWだという反応です。当たらずも遠からずという程度で基本的にはマイナスにならないのですけれども，ただ上手く統合できなかったりするとマイナスになっていくことの多い反応です[注2]。

　それで，心理学的意味ですが，DW の場合は現実を無視した強引な意味付けから来る現実吟味の障害だとしています。思考障害をイメージしています。ただ注意してほしいのは，子どもにも DW は出るんですね。ですからそこは注意しなくてはいけないのですけれど，基本的には思考障害からくる現実吟味の障害だという風に理解してもらえればいいと思います。D→Wの場合は，現実吟味の障害というよりは，説明能力の不足や自己中心的な態度による説明からきています（西村，1982）。それで，見えたものそのものには基本的に形態水準マイナスにはならないはずです。というのは，その後の反応の inquiry（質問段階）によって変わってくるということです。

　もう 1 つ注目したいのは，作話的結合反応と作話反応です。これも大事な部分になります。作話的結合反応と作話反応というのは，要は作話反応の方が病態水準がより重たいというものです。共通点はいくつかあって，不適切な結合，うまく統合ができていませんよ，という所では共通しています。そこで不適切な結合をするがゆえに，形態水準がマイナスになります。そこも同じなのですが，しかし質的に分析をすると，この 2 つは大きな違いがあって，その視点として「距離」という概念がかなり有効だと思いました。Rapaport の距離の概念に関しては，空井先生の論文（1990）を読んでいただくと一番良いかと思いますが，Rapaport はブロットからの距離というのを考えていた訳です。どういうことかと言うと，平凡反応や片口法の±にあたる反応ということをまず考えます。それは反応を形成する，いわゆる反応産出過程の時に，ブロットに必要な部分を反応として採用して，図版のいらない部分を採用しないということをほどほどにやっているんですね。だからこういう時は「適切な距離」であると言われています。考えてみればP反応のコウモリなどというものを，全部いろんなブロットを拾って反応しようと思ってもできないのです。コウモリとして相応しくない部分はとりあえず脇に置いておこうとしている訳です。それを適切な距離と言っています。

　ただこの適切な距離が失われていく場合があるのですね。そうする時に通

注2）　内田裕之，personal communication, 2007 April

常働いている私たちの思考過程，論理的な思考とは異なる，いわゆる病的な，あるいは未熟な思考が働いていると考えてよい訳です。距離を失うということは２つのベクトル，２つの違いがあって，距離を失っていく方向性と距離が遠ざかっていく方向性の２つがあります。まず「距離の喪失」という状態があります。反応形成する場合のブロットと被検者との距離，被検者の認知の動きと思っていただいてよいです。距離が失われて，図版にあまりにも縛られている場合です。例えばこれは反応の中にいらない炎であっても，使わなければいけなくて，上手く統合できなかった場合は，距離の喪失です。ほどほどに使わなければ良いのだけれど，使ってしまうというものですね。強迫傾向がある方なんかは割と距離の喪失が多いと思われます。逆に「距離の増大」というのは，距離が離れてブロットという現実を無視し，自分の主観的世界に入っていってしまう。本当に反応から離れてしまって，物語を作っていくというのは極端な話ですけれどね。そういう風に反応を作っていくのは距離の増大と言います。そのように２つに分かれていきます。これはイメージとして図のようになります（図8-8）。

　ここまでの知識があるとの前提があってという話ですけれども，作話的結合反応というのは，それぞれの部分反応はよく見ているのだけれども，位置関係にあまりにも動かし難い現実とみなしている，反応に取り入れなければいけないということで反応の統合に失敗しているような反応です。本来は自由に反応していいですよと，使わないものは使わないとか自由にできるのですけれども，ブロットから距離を取ることから完全に失敗してしまっている。それが作話的結合反応なのです。

　それで，作話反応というのは少しややこしくて，この距離の喪失と増大の両方を含むということが言われています。つまり，反応形成の中で作話反応は，ブロットの位置関係や部分的印象に引き付けられ，引き付けられた段階で距離の喪失になっているのですけれど，それらを知覚したのち，ブロットという現実を無視し，そこから完全に遊離して，反応全体が被検者の主観的世界に埋没する，という風に距離の喪失からすべての段階を順番に経ているような反応を作話反応というように呼びます。統合失調症は割とこの作話反応というのが多いですね。そこで作話反応と作話結合反応を比較すると，ASDの場合は作話的結合反応という距離の喪失がメインで多く該当して，作話反応まで行くのが統合失調症に多いという結果でした。ここまでが把握型の話になります。

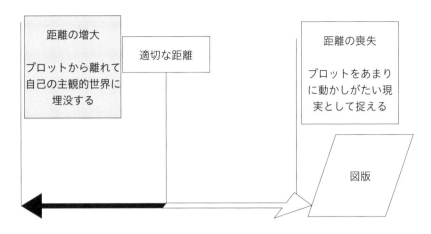

図 8-8　Rapaport の距離の概念

（3）思考言語カテゴリー

　ここから思考言語カテゴリーというものを紹介したいと思います。これは84 個もあるスコアリストで名大法のテスター以外の先生にはあまり知られないスコアです。

　この思考言語カテゴリーの良い点というのが，思考過程とコミュニケーションとか反応態度などに注目することによって，従来のスコアで漏れていた部分を細かく拾うということができるようになりました。私は思考過程とかコミュニケーションの在り方が査定できるという部分に注目して，子どものロールシャッハ・テストと一緒に並行して，研究の分析で使っていました。これは大きなカテゴリーで，84 個のカテゴリーを 13 カテゴリーに分類しています。以下 13 カテゴリーを説明します。

① CONSTRICTIVE ATTITUDE：想像力の貧困とか萎縮的な態度など，いわゆる Rejection などが入ってくるスコアです。具体的な反応がなかなか出せないような感じです。

② ABSTRACTION & CARD IMPRESSION：カードの印象，きれいとかそのような印象のスコアが入っています。

③ DEFENSIVE ATTITUDE：反応の防衛的な態度で，やり取りの言葉などがスコアとして収録されています。

④ OBSESSIVE & CIRCUMSTANTIAL RESPONSE：細かい部分，小さな部分に言及するとか，ブロットは左右対称なのだけれどもちょっとした

違いを言及するというような強迫的心性を示唆するものが収録されています。

⑤ FABLIZATION RESPONSE：反応の作話的なお話づくりのようなもの，あるいはその極端なものが含まれています。

⑥ ASSOCIATIVE DEBILITATION：意識活動の低下と言って，これが付くと病的なスコアなのですが，統合失調症とか認知症とかぼんやりした，不安定な意識状態を反映するスコアがこの群に入ります。

⑦ REPETITION：反応の反復です。

⑧ ARBITRARY THINKING：反応の説明の仕方が恣意的で自分勝手な判断とか，そのようなことによって出されるスコアです。パーソナリティ障害圏に当てはまると言われています。

⑨ AUTISTIC THINKING：いわゆる自閉的思考です。これは統合失調症関連のスコアです。

⑩ PERSONAL RESPONSE & EGO-BOUNDARY DISTURBANCE：自我境界の問題で，反応との，例えばコウモリが襲ってくるとか，そのような主観的な距離を失ったものが入っています。

⑪ VERBAL STRANGENESS：言葉のおかしな部分をチェックするものです。

⑫ ASSOCIATION LOOSENESS：連想弛緩など連想過程の異常を示すものです。

⑬ INAPPROPRIATE BEHAVIOR：不適切な行動といって，検査としては不適切な行動をスコアしていくというものです。それで実は INAPPROPRIATE BEHAVIOR というのは発達障害に割と多く該当していて，私が体験したものだと，記録した記録用紙を覗き込むとか，図版をパチンパチン弾くとか。ロールシャッハ・テストって，結構図版硬いですよね。あの感覚が好きなのかもしれませんが，図版を弾くとか，図版を斜め持ちにするとか，いろいろな行動がありますが，そのような通常のロールシャッハ・テストの対人状況では不適切な行動が INAPPROPRIATE BEHAVIOR に該当します。

これを全体的に図式にすると，このような感じの中にいろいろなスコアが散りばめられているようなものです（図8-9）。そこから大まかに ASD の特徴をいくと，まず出現しなかったスコア，カテゴリーに注目していきます。出現しなかったということはそのような反応特性を持っていないということ

なので，そこから拾っていきます（内田，2004）。

　まずAUTISTIC THINKINGというスコアですが，これはどちらかといえば統合失調症圏の可能性が示唆されますけれども，いわゆる子どものロールシャッハの把握の未熟さという所の部分が若干入っていますので，そこで該当します。けれども，その他の解釈意識が変容してしまったような病的なスコアはASDには該当しないということで，やはり慢性化した統合失調症とは違うなという印象です。それで先ほど，ASSOCIATE DEBILITATIONというのが付くと病的だという話をしましたが，そのすごく反応が曖昧だったり，ボヤっとした反応がないので，やはりそのあたりを見てもそんなに意識活動の弱さ（自我機能の弱さ）はみられないという風に考えています。

　もう一つ，ASSOCIATION LOOSENESSといって連想弛緩です。これは精神医学の話になりますが，そのような部分でも該当しないという点でも，統合失調症の印象とは違います。逆に多く該当したのは，CONSTRICTIVE ATITUDEというので，要は萎縮的なRejectionとか反応が出せませんとか反応が失敗するとか，出しても「これはシミです」とか，そのような反応が多かったと思います。反応が萎縮する，特に「インクのシミです」というのは，やはり距離の喪失が起きていて，反応から自由に距離をとって具体的な反応を出すことができなくて，だからインクのシミとか左右対称とか言ってしまう反応もあるということでした。

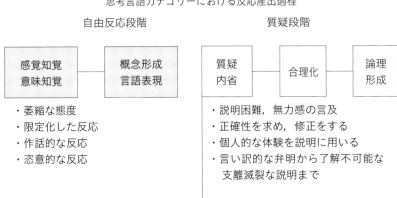

思考言語カテゴリーにおける反応産出過程

図8-9　思考言語カテゴリーの全体像

　実際に対人関係の場面ではどうかということですけれども，検査者とのやり取りで検査を進めていく，例えば「これってどうすれば良いんですか？」とか，「これって全部ですか？」という風に，ロールシャッハ・テストって何をしたらよいのかわからないから，検査者を時に頼りながら，交渉しながら進めていくことって成人のロールシャッハ・テストではあると思うのですけれども，それがやはり少ないですね。自分なりのパターンで進んでいって，（結果的に）不適切な行動になって INAPPROPRIATE BEHAVIOR というのが付くというのが ASD の特徴かなと思います。あるいは反応の正当性，この反応って正しいんだというように持っていく防衛操作も少なくて，そのようなところからいうと対人関係の中での防衛操作ができないので，やはり脆さを抱えているのだなと思いました。発達障害のロールシャッハ・テストを取ってもらうとわかるように，inquiry をみんな嫌うんですね。聴いていくとだんだん怒ってきたり，だんだん沈んでいったりするんですけれども，そこで無力感を表明するような発言もありました。そして最後に検査行動として，検査の進行の妨げになるような行動とか，集中が低下するような行動とか，あるいは図版遊びとか，そのような反応がよく起きました。これが思考言語カテゴリーの結果です。

　では，統合失調症と比較しながら述べてみます。まず ASD の場合は距離の喪失がメインで起きている。すごく縛られてしまって，状況に拘束されるような所があって，状況やいろいろ情報を統合していこうと思うけれどそれに失敗している，というのが大きな特徴です。統合失調症の場合だと，距離の喪失と増大の両方を含んでしまうのですね。また，一つの決定というものがすごく緩いというか弱くて，浮動していくような，そういうような反応です。ASD の場合はブロット優位で，統合失調症の場合は概念優位な反応という風にカテゴリーを付けてもいいかなと思います。

　inquiry の特徴です。ASD の場合は，inquiry を拒否したり上手くいかなかったり，inquiry している最中に図版で遊んでしまったりと，課題集中などの難しさが検査行動としてあらわれてきます。一方統合失調症の場合は，喋れば喋るほど，説明すればするほど自閉的思考が出てきてしまったり，連想過程が緩んでしまったり，「よくわかりません」とぼんやりと無力感を表明してしまったり，そのような特徴があると思いました。一言で言うと，ASD の場合は認知のアンバランスという部分で，子どものロールシャッハに非常に似ている。では単なる未熟なのかと言ったらそうとも言えない，未熟だという問題とか子どもの反応だけでは言えない，だけれどもすごく認知（認知

特性）がアンバランスだという風に思いました。統合失調症の場合はやっぱり思考障害があって，これは中井先生の言葉ですが，感覚的なイメージとか外の刺激に自我が圧倒されているような状態かなと思います（中井, 1998）。そのように反応の様式や行動の様式が違うなというのが現時点での考えです（図8-10）。

　ある程度今日お話しした形式性の分析というのは，数量的分析に採用されているのですね。包括システム法だと発達水準とか特殊スコアという水準を取るんですけれども，ただ包括システム法だと指標化する過程で採用されなかった重要な概念がある，これがRapaportの距離の概念です。そのような概念はロールシャッハの古典の中に眠っていて，それをもっともっと活用する必要があるのかなと思いました。ASDは統合失調症とは違う反応様式があるということで，やはり認知の違いとか思考の道筋の違うというのはあるのだなと確認しました。その反応様式などを理解して，発達支援に繋げていくということが次のステップとして重要であると思っています。

　今後の課題ですけれども，これらの知見をまとめてもっとシンプルな形で使える形にしなければならないのですけれど，何か指標が作れたらと思っています。もう一つはやっぱりASDを捉えるために必要な知見というかガイドラインというかそういうものを作れたら良いなと思っております。

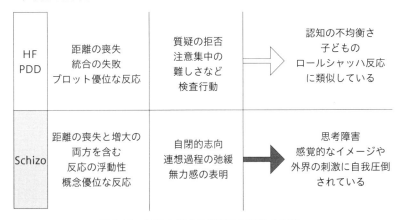

高機能広汎性発達障害のロールシャッハ研究のまとめ

高機能広汎性発達障害と統合失調症
1．形態水準の低さや萎縮した反応レベル，無力感の言明など類似点も多いが……
2．反応が産出されるプロセスに大きな違いがある

HF PDD	距離の喪失 統合の失敗 ブロット優位な反応	質疑の拒否 注意集中の 難しさなど 検査行動	認知の不均衡さ 子どもの ロールシャッハ反応 に類似している
Schizo	距離の喪失と増大の 両方を含む 反応の浮動性 概念優位な反応	自閉的志向 連想過程の弛緩 無力感の表明	思考障害 感覚的なイメージや 外界の刺激に自我圧倒 されている

図8-10　ASDと統合失調症の反応様式の違い

以下，質疑応答

質問者①：DW と D→Wの区別の仕方についての質問

明翫：inquiry の質疑の仕方がポイントになっていて，DW というと本当に一部分だけしか説明できなくて，「後は知りません」という風に，他の部分を全く説明できないというのが DW なので，だから一部分は言えてその次にどれぐらい説明できるかということをポイントに置かれると良いのではないかなと思います。

D→Wの場合はもう少し説明できるんですよ。そこが結構大きいかなと思っています。子どもの DW の場合は，「あとはわかんない」と言ってしまいます。一部分を「馬の足」などとブロットと合っている部分を言って，「あとはわかんない」という風に言いますが，統合失調症の場合だともう少し断定的な印象のある言い方になると思います。なので，ロケーションでの inquiry を丁寧にやるというのはこの２つの違いを見る一つの手段になるかという風に思います。

松瀬[注1]：はい，今ピンポイントできましたけどね，他の方何かありますか？子どもだったら，犬の顔なら全部犬の顔にしてしまいますよね。Magic-wand perseveration という行動です。繰り返してやってしまう。ひげがあるからネコとか，漠然としていますよね。「わかんない」というのが一つキーワードですね。説明していくと，テスターというかこちら側の影響で，それを取り入れながら自分の自己中心的な態度というのかな。自分の考えに合うものはそれなりに取り入れて，反応形成をしていく。そのようなニュアンスもちょっとあるような気がしますけれどね。……他の方，何かありますか？

質問者②：児童相談所とかで（ロールシャッハ・テストを）とることが多いので今回のお話はすごく役に立つなあと思って聞いていたのですけれども，お話の中で，統合失調症にはあるけれども自閉圏の方にはないよという，ある・ないの話が多かったのですけれども，両方とも共通してあるのだけれどもちょっと違うという特性もあるんですかね？　例えば色彩反応に関してはどちらも苦手だと思うのですけれども，それでも少しずつ反応が違うというところがあれば教えていただけたらと思います。

注1）松瀬喜治（佛教大学教授）

　明翫：なかなか難しいですね。似ているけれど違うという所は，このタイプのロールシャッハ反応の大きな特徴ですし，課題なのだと思います。例えば，形態水準は同じく低いけれど，背景は思考障害か把握の未熟さ，というのがまず一つの視点ですよね。決定因では多分，統合失調症圏だとうまく統合できなくて，運動感覚だけのような反応は，発達障害にはあまりみられません。というのは，ASD は F だけでやっていくような感じのパターンが多いので。一番困るのは片口法でいうと，W の F の A のという，動物の反応で，そのパターンの繰り返しが統合失調症にもたまにあったりするので，このニュアンスをどのように処理していくかというのが多分最後の最後に残された問題なのだろうと思います。色彩反応は Poor で，W で F で A というのをどうやっていくか？　最終的にはもう生育歴を聞くしかないかなという風には思っています。あと意外と反応態度は結構使えると思います。質疑段階でちょっと交渉が入ってくるので，そこでどう答えるかという所で，その人の対人関係の特徴が出てくる可能性があるので，そこも一つのポイントかもしれません。

　　文　　　献

Fox, J. (1956) The psychological significance of age patterns in the Rorschach records of children. In: Klopfer, B.(ed.) *Developments in the Rorschach Technique Vol. II: Field of Application.* Harcourt, Brace & World, pp. 88-103.

Holaday, M., Moak, J., & Shipley, M. A. (2001) Rorschach Protocols From Children and Adolescents With Asperger's Disorder. *Journal of Personality Assessment*, 76(3), 482-495.

加藤進昌・杉山登志郎・市川宏伸・青木省三・十一元三・小林隆児（2005）アスペルガー症候群をめぐって：症例を中心に．臨床精神医学，34(9), 1103-1106.

Lauson, W. (1998) *Life behind Glass: A Personal Story of Autism Spectrum Disorder.* Southern Cross University Press. （ニキリンコ訳（2001）私の障害，私の個性．花風社.）

Leichtman, M. (1996) *The Rorschach: A Developmental Perspective.* The Analytic Press.

Meili-Dworetzki, G.(1956)The development of perception in the Rorschach. In: Klopfer, B. (ed.): *Developments in the Rorschach Technique Vol.II: Field of Application.* Harcourt, Brace & World, pp. 105-176.

明翫光宜（2005）高機能広汎性発達障害のロールシャッハ反応．中京大学心理学研究科・心理学部紀要，4(2), 109-117.

明翫光宜（2006）高機能広汎性発達障害のロールシャッハ反応：数量的分析．包括システムによる日本ロールシャッハ学会会誌，10, 31-44.

明翫光宜（2008）高機能広汎性発達障害と統合失調症におけるロールシャッハ反応の特徴：数量的分析．包括システムによる日本ロールシャッハ学会，12(1), 39-49.（本書11章）

明翫光宜・内田裕之・辻井正次（2005）高機能広汎性発達障害のロールシャッハ反応（2）
　　―反応様式の質的検討．ロールシャッハ法研究，**9**, 1-13.

明翫光宜・辻井正次（2007）高機能広汎性発達障害と統合失調症におけるロールシャッハ
　　反応の特徴：反応様式の質的検討．ロールシャッハ法研究，**11**, 1-12.（本書 12 章）

中井久夫（1998）最終講義：分裂病私見．みすず書房，pp. 22-25.

西村洲衞男（1982）てんかんのロールシャフトテストのサインについて．In：大原貢編：
　　てんかんの精神病理と精神療法．金剛出版，pp. 244-267.

Schachtel, E. G. (1966) *Experiential foundations of Rorschach's Test.* Basic Books.（空井
　　健三・上芝功博訳（1975）ロールシャッハ・テストの体験的基礎．みすず書房，pp.
　　185-222.）

空井健三（1990）ロールシャッハ・テスト．In：土居健郎・笠原嘉・宮本忠雄・木村敏
　　編：異常心理学講座 8：テストと診断．みすず書房，pp.101-110.

杉山登志郎（2000）Asperger 症候群．臨床精神医学，**29**(5), 479-486.

杉山登志郎（2002）高機能広汎性発達障害における統合失調症様状態の病理．小児の精神
　　と神経，**42**(3), 201-210.

Tantam, D.（1991）Asperger syndrome in adulthood. In: Frith, U.(ed.)：*Autism and
　　Asperger Syndrome.* Cambridge University Press（富田真紀訳（1996）自閉症とア
　　スペルガー症候群．東京書籍，pp. 261-316.）

辻悟（1997）ロールシャッハ検査法：形式構造解析に基づく解釈の理論と実際．金子書房.

辻井正次（1996）自閉症者の「こころ」を自閉症者自身が探し求める場：高機能広汎性
　　発達障害（高機能自閉症・アスペルガー症候群）への心理療法的接近から．*Imago*,
　　7(11), 109-121.

辻井正次・内田裕之（1999）高機能広汎性発達障害のロールシャッハ反応（1）量的分析
　　を中心に．ロールシャッハ法研究，**3**, 12-23.

辻井正次・内田裕之・原幸一（2003）高機能広汎性発達障害のロールシャッハ反応の発達
　　臨床心理学的分析：図版の刺激特性への反応の分析．厚生労働科学研究費補助金ここ
　　ろの健康科学研究事業　高機能広汎性発達障害の社会的不適応とその対応に関する研
　　究，平成 14 年度研究報告書．pp.32-44.

植元行男（1964）ロールシャッハ・テストを媒介として，思考，言語表現，反応態度をと
　　らえる分析枠の考察とその精神病理研究上の意義．名古屋医学, 87(1), 297-355.（ロ
　　ールシャッハ研究，**15・16**, 281-343, 1974. に再録）.

内田裕之（2004）病院臨床の事例（2）ロールシャッハ・テストとのバッテリー．In：奥
　　野哲也監修・内田裕之・石橋正治・串崎真志編：ソンディテスト入門．ナカニシヤ出
　　版，pp.118-162.

Williams, D.(1992) *Nobody Nowhere: The Extraordinary Autobiography of an Autistic* .
　　Crown.（河野万里子（1993）自閉症だったわたしへ．新潮社.）

Wing, L.（1981）Asperger syndrome: A clinical account. *Psychological Medicine*, 11,
　　115-129.（門眞一郎訳（2000）アスペルガー症候群：臨床知見．In：高木隆郎・M.
　　ラター・E. ショプラー編（2000）自閉症と発達障害研究の進歩，Vol. 4. 星和書店，
　　pp.102-120. に再録.）

発達障害のロールシャッハ法（2）
反応特性から支援の方向性へ

I. 反応産出過程について

　それでは実際のロールシャッハ反応を紹介しながらロールシャッハ解釈に進んでいきたいと思います。キーワードは，この反応産出過程というものです。認知過程や情報処理過程をロールシャッハ・テストで仮定した図式を「反応産出過程」といいます。反応産出過程，つまりロールシャッハの反応の成り立ちということを考えます。そこに仮定されているのは，認知，思考過程，コミュニケーションスタイル，そういうものがあります。

　それは先ほどの心理学の図式でいくと推測という所があります（第8章図8-1）。あの部分を推測するのですが，そこから日常生活ではどんな行動ができて，どんな困難さを抱えているのかな，という部分を推測するわけです。私たちはロールシャッハ・テストをやるときに「追体験しなさい」という風に教わりますけど，追体験ってどういう風にしたらいいのだろうと私は大学院時代から思っていて，このように反応産出過程をなぞっていくと，この人はこういう所でつまずくんだな，こういう所で大変さを感じているのだなということを感じられるようになってきて，反応産出過程を想定することはすごく大事であると考えています。

　一方で距離の喪失という話をしましたが，ASDの認知特性として「部分を細かく深く認知する」と杉山先生（2005）が言っています。よく全体を見られない状況，木を見て森を見ずという風に言いますけれども，ASDの方の場合は葉っぱの葉脈を見て全体を見れないというぐらい細かな所にかなりスポットが入る形の認知をしているのですね。そうすると結局は全体状況が読めなかったりするのです。それで日常生活を繰り返していくということになれば当然誤った学習，誤学習ですけれども，それが生じやすいのですね。だからまたそこでトラブルが発生して，というようなことが起きます。杉山先生は，発達支援は「認知の穴の修正」（杉山，2005）だと言っているんですね。そのあたりが一つポイントになると思いました。

表 9-1　Ⅶ図版の反応例

Ⅶ 35" ∧ 49"	何ですかな。なんか手羽先に見えるところがあるかな。うーん。	①?）よくわからないけど，この細くなっている部分が手羽先にあるのかなと。手羽先のように思いました。（手羽先はどの部分?）この部分。<u>他はよくわからなかったので</u>。（手羽先だと思ったのは?）細長くなっているから。（他には?）他にはありません。

　皆さんは多分発達障害のケースは体験されているかと思いますが，特に大変なケースはよくわからないような問題行動がたくさんあるのですけれども，一見不可解なエピソードもロールシャッハ・テストの反応産出過程とかそういう視点で見ていくと,「あっ！　そういうことか！」とわかることもあって，ロールシャッハ・テストって本当にいろいろ教えてくれるなと思っております。

（1）反応産出過程に着目した分析の実際例

　さて，実際のロールシャッハ反応を見ながら進めていきましょう。実際のASD群の中からいくつかの反応例を出して，発達支援につながる視点とからめていきたいと思います。

【Ⅶ図版】（表 9-1）

　この反応からわかることですが，ロケーションは必ず丁寧に聞くようにしてください。実際どこを見ているというのは上手く説明できないことがあるので「どこを見たのか知りたいのでなぞってください」という風に説明することで形態水準がわかる反応もあります。必ずロケーションをしっかり聞くようにと私もトレーニングを受けました。

　この反応を理解していく上で「他はよくわからなかったので」というのはポジティブにとらえることができるのだというご意見をいただきました[注1]。これは，どんなことかといいますと，「ここは手羽先の部分だ」,「後はわからないんだ」という風に区切っている。

　私がわかる部分というように領域を区切れるかどうか，Dが出せるかどうかというのが成熟の１つのサインだという話をしました。この人はここはわかるようだけれども，ここはわからないという風に区切ることができたとい

注1）石橋正浩, personal communication, 2006, September.

表9-2　IX図版の反応例

IX 26" ∧ 33"	これは何だ。白菜かな。うーん。 はい。	（？）まず，白い葉が茶色になったと思うけど，内側に茶色の葉があって，外側に緑の葉があって。で，根っこの部分が赤い。（白菜だと思ったのは？）まあ，白い部分が目立つから，真ん中の。（他には？）うーん，他に特にはありません。

うことをポジティブに評価するということです。というのは，作話的結合反応で距離の喪失が起きているということは，余分なものを余分なものと置いておくことができずに無理に分かろう，統合しようとして失敗するわけですから，日常生活ではわからないことを無理にわかろうとして自分なりの，要するに形態水準がマイナスの判断で動いてトラブルが起きてしまう。ここではわからないものをわからないままに置いておくことができたというのが，しばらく耐える・我慢する・わかるまで置いておくということができるということであり，この反応を示した事例での発達支援への大きな示唆を受けました。このように，反応産出過程でどのようにロケーションを区切っていくかというところで，ヒントを多くもらえることがあります。

【IX図版】（表9-2）
　この反応のタイプとして，「そこにブロットがあるからそういう反応をした」という風な態度で述べています（下線部）。つまり「そこにそのブロットがあるからそういう反応をした」というスタイルです。これは，阪大法では「図版任せ」といいます。責任の主体を自分ではなくて，図版に預けている。だから，他罰的になりやすいです。本来，あなたがどういう風に見ているのかというのがロールシャッハ・テストなのですけれども，それを，図版がそうなっているからそうなったというような説明になっていくような認知の仕方をしている。ここに多分日常生活のトラブルのパターンが出てきやすいと見立てることができます。

【X図版】（表9-3）
　唐辛子の絵で，普通いろんなものが一カ所に集まることはないと言っています。だからこれは全部まとめるとちょっとおかしいということを自覚はしているということです。自覚はしているのだけれども，一個一個，分割しては出せないようです。なのでここで「どうしてこういう風に見えたの？」と

表9-3　X図版の反応例

X 26" ∧ 33"	なんじゃ，こりゃ。うーん，唐辛子とか置いてある絵。何か他に花が咲いてある。葉があったり　はい	（？）まず赤いのが唐辛子で，上にあるのがへた。で他にも未熟な唐辛子や他の花とか葉っぱとか，熟した絵などがある。（唐辛子だと思ったのは？）形と，色が緑くなっている部分。（未熟な唐辛子？）赤い唐辛子と形は同じだけど，これは赤くならず，緑だから。（絵だと思ったのは？）普通いろいろなものが1カ所に集まることはないと思って。（他には？）特にないです。

聞くと，「一カ所に集まることはない」と言って合理化し，自分を守ろうとしています。ひとつにまとめることがおかしいと意識していながらも反応として出してしまう。「これが唐辛子です」，「これが未熟な唐辛子です」と一個一個出していけばいいものを全部ひとつの絵という風に出してしまう[注2]。ロールシャッハの，「これが何に見えますか」，という問いの「これ」というのは全体のことのため，インクのしみはぼんやりしていて一個一個分割して取り出しやすいにもかかわらずそこの主体性が機能していないと，全体反応（W）として出してしまう。支援の方向性として，この人が成長していくためには，「これが唐辛子です」，「これが未熟な唐辛子です」一個一個を部分反応として分割できる主体性を育てることが必要なのだろうと思います。また，こういうパターンで躓いているのだということをロールシャッハのアセスメントで想定しておくと関わりやすく，トラブルが理解しやすいと考えています。

II.　具象しばり

ASDのロールシャッハ反応の分析と発達支援のつながりを考えたときに有用な概念がありますので紹介します。阪大法のロールシャッハ解釈法の概念に「具象しばり」と呼ばれるものがあります（辻，1997）。「具象しばり」とは何かと言いますと，図版に見えたある具体的なものにしばられてしまう

注2）石橋正浩，personal communication, 2006, September.

ということです。具象にしばられることによって，他の可能性の検討がで
ない。これが，対人関係でどのようなことが起きてくるかというと，こころ
や相手の気持ち，というものは目に見えず移り変わっていくものですが，そ
ういうものがうまく推測できない，理解できないということが起きてきます。
ですので，相手の気持ちがわかりにくい，理解しにくいというのは具象しば
りを手掛かりにすると理解しやすいということです。どんな風に出てくるか
というと「文章型の AS に反映される断定的な反応の出し方」，「図版の回転
がないこと」，「1図版につき1反応というパターン」，「反応が Klopfer 法の
半確定的概念ではなく具体物になっている反応が多い」というものです。
　文章型では「○○に見えます」というのは，「図版は自分が見えたものと全
く違うものだけれどもそれになぞらえて見てますよ」ということで「○○に
見えた」ということ自体が一つの成熟のサインとなります。だけれども「こ
れは○○だ」「○○です」という風に言い切ってしまう場合はなぞらえている
という感覚がないということです。それが多いとやはりその反応以外にも見
えているという検討が難しいということになります。また図版の回転は状況
をひっくり返す，少し角度を変えて見てみるというような困ったときに自分
なりに操作を加えてみる態度を示します。1図版につき1個というパターン
は，一つの図版からいろんなものが見えているということは可能性があるこ
とであるなどいろいろ検討されているのですけれども，1反応だと見えた反
応以外に他のものが見えにくく検討しにくいというような特徴が浮かび上が
ってきます[注3]。
　ASD の人には3つの特徴があります。社会性の障害，コミュニケーション
の障害，想像力の障害。想像力の障害とはなにかというと，一つの状況から
あらゆる可能性を想定して一番よいものを適応行動として選択していくこと
が日常生活では必要ですけれども，想像力の障害ではここでのいくつかの可
能性を想定することが難しい，あるいは未来を想定することが難しいという
ことです。だからこそスケジュールにこだわってしまう。これをロールシャ
ッハの具象しばりで考えると可能性を想定することがまったくできないわけ
ではないのだけれども難しいという傾向がこの人にはあるのだということに
なります。だから，自分の慣れているパターンだと適応しやすいけれども，
未知の世界，新しい場面とかにいくと戸惑ってしまうということが事例のロ
ールシャッハの具象しばりという視点から理解できるかと思います。

注3）石橋正浩, personal communication, 2006, September.

　具象しばりとはロールシャッハの具体物に限られているという場合のことで，目に見えないもの，あるいはこころの不安とかそういうものに対する理解が難しい。相手に対してもそうだし自分のこころの動きに対してもそうです。これは認知行動療法でいえば感情理解なども難しいということです。

　反応の構えというのは，目の前にある具体的な状況に対して複数の可能性を検討することが難しい。目に見えない可能性とかそういうものを自分なりに広げていく，想定して行動するということが難しい。だから，単純な状況であればうまくやれるのだけれども，複雑な状況になるにつれてしんどくなっていくということが把握できます。

　それから，全体を見ているようで部分しか見ていない。特に反応の説明も，根拠を 1 カ所か 2 カ所だけ説明してしまうと後はありませんと締めくくる反応に出会うことがあります。反応の特徴として，全体を満遍なくモニターしてW反応が出れば抽象的な思考とか能力の高さを推測できますけれど，全然違います。目立っている部分を見て判断して反応している可能性があって，ここがやはり状況の誤読，間違った読み取りになりやすい。部分に反応しているから全体とずれている可能性がある。

III．発達支援：翻訳者としての役割

　発達支援という分野では，心理検査の視点を持つことで役に立つということを思っています。杉山先生が 1995 年に『精神療法』という雑誌で書いておられますけれど（杉山，1995），その中に書いてある言葉がとても印象に残っていてロールシャッハ・テストをやっていてやはりこのテストは必要なのだなと思ったことがあります。杉山先生は自閉症の治療者としての役割というのがいくつかあるのだという話をされていて，その中で 2 つあげました

心理検査の視点を持つことで役立つこと
翻訳者としての支援者の役割（杉山，1995）

　1．彼らの行動や言動の意味を周囲に伝える役割
　2．彼らの行動や言動が周囲にどう映るかをフィードバックする役割

図 9-1　発達支援に臨床心理学的視点を援用する

（図 9-1）。１つは彼らの行動の言動を周囲に伝える，いわゆる環境調整で，スクールカウンセラーの先生方はよくやられると思います。「彼らの問題行動は実はこういう要因からである」とか，「彼らにはこういう認知パターンがあって起こってしまっている，だからこういう風にするとうまく行きますよ」と支援者から周囲に働き掛ける一番の役割で，発達障害の子どもたちと周囲とを結ぶ一つの翻訳の機能です。もう一つはロールシャッハ・テストならではといいますか心理検査を取っていく中でやりそうだと思ったことですけれども，彼らの行動や言動というのが周囲にどう映るかを彼らの体験に沿ってフィードバックし，できればうまくいく方法を教えるという視点です。それは心理検査の観点を持つと体験世界を理解することができる，もしくは推測することができるので，割とそのパターンにスッと入っていくことができる。パターンに入っていくことができると「そういう考え方でこうなっている時にはこうした方がいいよ」という事が言いやすくなるかと思いました。この２つ目というのはアセスメントをやることの大きな役割だと思います。

　反応産出過程という所で話をしてきましたけれども，臨床心理学的介入とか発達支援を行う時に，反応プロセスに着目するとやはり「彼らなりの捉え方」を理解した上での介入なので，「無理がない助言やアドバイス」ができる可能性が高まるということがあるかと思います。必ずしもできるわけではないですけれども，できる可能性が高まると思います。というのは，よくわからない問題行動の中に直接介入しようとするとすごく難しいけれども，「こういう所で彼が困っているんだ」ということがわかると，その困った所から入っていくことができるので，そこから介入していく（一緒に問題解決をしていく）という形ができてよいかと思います。やはり，本人なりの捉え方がわからないとなると，どうしてもズレた対応やできないことをやりなさいという乱暴な対応になる可能性があります。

　定型発達の人は相手を理解するときに，自分のこころの状態を使って理解します。私たちの捉え方，表現の仕方というのは大体同じで，微妙なズレはありますけれど大まかなフレームというのはみんな同じです。だから反応とか言動を見て，ちょっと元気がなさそうだなとかこういう風にしようとかいうことを自然にやっているわけです。

　次の図を見てください（図 9-2）。発達障害になると刺激になる出来事があって，内的な認知の仕方というのが深く狭い認知の仕方だからズレてしまうわけです。さらにそこでフラッシュバックが起きてもっとズレてしまう。表現としてはフラッシュバックや認知でズレた反応だから，この人は何に本当

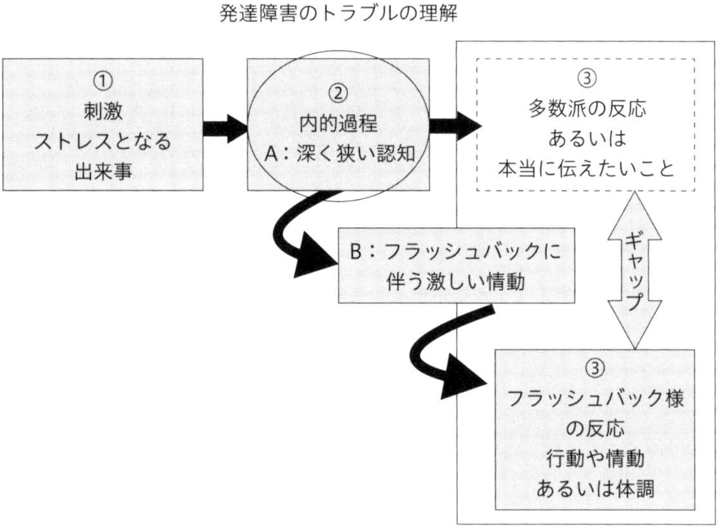

発達障害のトラブルの理解

```
┌─────────────┐        ╭──────────────╮      ┌ ─ ─ ─ ─ ─ ─ ─ ─ ─ ─ ─┐
│     ①       │        │     ②        │      ┆        ③            ┆
│    刺激      │ ━━━━▶ │  内的過程      │━━━▶  ┆    多数派の反応       ┆
│ ストレスとなる │        │A：深く狭い認知 │      ┆     あるいは         ┆
│   出来事     │        ╰──────────────╯      ┆  本当に伝えたいこと    ┆
└─────────────┘             │               └ ─ ─ ─ ─ ─ ─ ─ ─ ─ ─ ─┘
```

図中ラベル：

① 刺激　ストレスとなる出来事
② 内的過程　A：深く狭い認知
③ 多数派の反応　あるいは　本当に伝えたいこと
B：フラッシュバックに伴う激しい情動
ギャップ
③ フラッシュバック様の反応　行動や情動　あるいは体調

図 9-2　発達障害のトラブルの理解（明翫, 2008 に加筆修正）

　に困っているのか，何をどうしたいのか，というのがわかりにくい状況があるわけです。けれども，心理検査によって「こんな風に（望ましいコミュニケーションから）ズレていくのだな」と思っていると，実際の反応や行動，表現は，本人が思っていることは違うかもしれないと思うことが可能になります。ですから実際に問題行動を起こしても，「本当はどうしたかったの」という風に聞き，「本当はこうしたかったの？」「もしそうだと，こういう行動がいいよね」ということが話し合えるようなチャンスが増えるということです。この視点を持つことによって支援者が感じる困難が少なくなるかと思います。

　他に，自己評価への支援に目を向けてみます。彼らの認知特性は先ほどお話しましたが，これも自己評価に関する情報に対する認知として見ていきますと同じようなことが言えます。自己評価とか自己イメージをまとめていくときに，私たちは「自分のうまくできていること」と「うまくできていないこと」といった自分に関する情報全てをなんとなく全体にまとめていくわけ（W反応）です。けれども，ASD の方の場合，おそらく断片的にD→Wという認知特性が自己イメージをまとめていく時にも起きているのではないかと考えてみると，良かった時と悪かった時の自分をバランスよくまとめていくことが苦手なのかもしれないと考えられます。だから，失敗の印象があると

ただちに全否定になって「自分は生きている価値がない」など失敗が自分の全ての印象になってしまう。D→Wという部分認知の理解がこの部分にも使えるかと思います。

　では，支援者としてどうしていけばいいかというと，逆のことをすればいいわけです。自己評価に関する情報をうまくまとめていくお手伝いをしていく。私がよく使っている支援のコツですけれど，良い行動を積極的にまとめていくということです。彼らの「悪い方向に直ちに揺れ戻ってしまう」ということの逆のことを使っているということです。一方で，不適切な行動や失敗も当然あるわけで，その時はその行動だけを指摘します。あるいは直接ダメとかをなるべく言わないようにし，「惜しいね，もう少し上手にやる方法があるのだけれどもその方法についてもう少し練習してみない？」という風に適応行動を学習していくような関わりを導入としてやっています。成功するかどうかはわかりませんけれども成功した事例もあります。こじれていると，それでも「うるさい」などいろいろ言われたりしますけれども，そういう観点でやっていくと，導入に成功することが増えるかなと思います。

IV. 発達障害のロールシャッハ解釈の活用の方向性について：今後の課題

　ASD のロールシャッハ・テストの事例研究はいくつか発表されていますが，現在の研究を概観すると，どちらかというと ASD のロールシャッハ反応上の特徴やスコアの数値の記述のみに主眼が置かれたものが多く，それらの知見を臨床心理学的支援に応用することについては論じられていないものが多いような印象を持っております。本章では事例研究を掲載することはできなかったのですが，私も臨床心理学的支援に活用する視点を含んだ事例研究に挑戦しておりますし，また多く事例研究が発表されることを期待しております。そのときに以下の視点が役立つかと思われますので紹介します。阪大法の辻先生（1997，2003）がロールシャッハ法を行なうことへの臨床的意義を筆者なりに要約したものです。

・ロールシャッハ・テストは，被検者の心理的機能の異常や逸脱を検出し，何らかの精神疾患に該当するかどうかの判定（いわゆる鑑別）のみに用いられるものではない。
・ロールシャッハ・テストにおいて，被検者の反応が通常の基準からの逸

脱や異常が生じていることがわかったらその意味を考えよう。そこには通常働くべき機能に代わる何らかの機能の法則性が，被検者の精神機能の中に形成され働いていると推定することができる。

・ロールシャッハ・テストの形式性の分析は，その法則性，およびそこから推定される精神の働きを，ロールシャッハ反応を通じて構造的に理解することができる。

・被検者が，自らその精神の働きの構造に気づくことができたときに，クライエントは自ら主体性を取り戻す重要なきっかけを手にすることができる。

・ロールシャッハ法による心理的支援は，被検者の精神の働きを理解する検査者が，クライエントにその理解を伝達することで可能になり，そこに心理臨床が成立する。

Piaget（1923）も，自己中心性とはシステマティックで無自覚なパースペクティブな一種の幻覚（illusion）であるといい，さらに人間は自分の自己中心性に気づくことで，自己中心性を緩和し，それを取り除きさえする可能性があると指摘しています。ただ，人間は，自分の自己中心性や（不適応に働いている）精神の働きを自分自身ではなかなか内省できないものです。だからこそ，心理検査によるアセスメントが必要であり，私はここに心理アセスメントのエッセンスがあるように思います。

追　　記

本論文で発表した形式性の分析では，東海学院大学の内田裕之先生，大阪教育大学の石橋正浩先生から多くのことをご指導いただいております。また発達障害臨床ならびに発達障害研究では，中京大学現代社会学部の辻井正次先生 に多くのことをご指導いただいております。厚く御礼申し上げます。

また本論文の発表内容は，平成 21 年 3 月に中京大学に提出した博士論文の成果を講演用にまとめたものです。博士論文を作成するにあたり，主査として ご指導いただきました中京大学心理学部の八尋華那雄先生，副査としてご指導いただきました中京大学 心理学部の故鈴木睦夫先生，坂井誠先生，鯨岡峻先生，牧野義隆先生に深く感謝申し上げます。最後に本研究にご協力いただいた多くの皆様に心より御礼申し上げます。

文　　献

明翫光宜（2008）フラッシュバックの対応の工夫．新アスペハート，20, 20-23.
Piaget, J.（1923）*Le langage et la pensée chez l'enfant.* Delachaux & Niestlé.（大伴茂訳（1954）臨床児童心理学（1）児童の自己中心性．同文書院.）

杉山登志郎（1995）自閉症児への精神療法的接近．精神療法，21(4), 17-24.

杉山登志郎（2005）自閉症臨床から．小児の精神と神経，45(4), 313-32

辻悟（1997）ロールシャッハ検査法：形式・構造的解説に基づく解説の理論と実際．金子書房．

辻悟（2003）こころへの途：精神・心理臨床とロールシャッハ学．金子書房．

第 10 章

発達障害領域の心理アセスメントと
ロールシャッハ・テスト

I．はじめに

　現在，発達障害領域の心理アセスメントツール（PARS-TR, Vineland-II,
SP 感覚プロファイルなど）が次々に開発されて，わが国でも利用可能になっ
ている。この流れに並行して，(少なくとも学童期においては) 発達障害領域
の心理アセスメントのテストバッテリーのメニューも変化してきている（明翫,
2015）。
　この流れに従うと，ロールシャッハ・テストなど投映法の役割が重視され
なくなってきていることも危惧される。一方で，発達障害領域のアセスメン
トツールは，児童期においてその有効性を発揮するが，成人期のクライエン
トになると（親が高齢となるため）生育歴情報を得ることも難しくなり，本
人への個別式心理検査に頼ることになる。発達障害の問題が想定されたとき
のアセスメントツールとして，知能検査がまずファーストチョイスになると
思われるが，ロールシャッハ・テストもアセスメントツールとして頻繁に利
用されている。そこで，筆者は発達障害領域において「投映法の代替的な
解釈アプローチ（発達支援モデル）」を考えるようになった（明翫，2013）。
これは従来の精神力動論に基づいた解釈アプローチ（心理療法モデル）とは
異なり，一つひとつの反応の成り立ちから反応の認知・思考過程の道筋を追
っていくアプローチであり，阪大法の解釈アプローチ（辻，1997）や植元
（1964）の思考言語カテゴリーなどを援用している。この解釈的視点のシフ
トは，クライエントのアセスメントのターゲットも精神内界や精神力動的特
徴から認知 − 行動パターンに置かれたことを意味する。さらに認知 − 行動パ
ターンを理解することで ASD の鑑別診断のための補助資料やスキーマを心
理臨床家が手に入れ，その情報を基に ASD 者の生活上の困難さのメカニズ
ムについての作業仮説（糸井，2013）を立てることができる。
　本論では，ASD の診断的補助資料と発達支援モデルとして，ロールシャッ

ハ・テストのアプローチについて述べていきたい。

Ⅱ．診断的補助資料としてのロールシャッハ・テスト

　ASD と他の精神疾患との鑑別および併存障害についてはすでに多くの研究が発表されている。併存障害で頻度の高さでは，気分障害，不安障害，解離性障害が多いと言われている。その他の対応の難しさでいえば，パーソナリティ障害の併存であろう。さらに鑑別すべき精神疾患は，ASD の統合失調症様状態と統合失調症とが重要なテーマとなる。

　筆者は，ASD と統合失調症のロールシャッハ反応の違いを見出すために，ASD のロールシャッハ反応と統合失調症のロールシャッハ反応についてさまざまな視点から比較検討を行ってきた。主に思考言語カテゴリーで思考障害の側面と，阪大法の把握型で認知発達の側面から，両者のロールシャッハ反応様式の違いについて図式化を試みた（図 10-1, 10-2：明翫, 2009）。両群を比較して分かることは，ともに萎縮した態度（CONSTRICTIVE ATTITUDE）と質疑段階での対人防衛操作の弱さ（対人関係的側面）が共通している点である。相違点を見ていくには以下の点を細かく見ていく必要があろう。

　ASD のロールシャッハ反応様式で注目していくポイントは，把握型と対人コミュニケーションの 2 点である。まず，図 10-1 の把握型を参照頂きたい。これらは Meili-Dworetzki（1956）や辻（1997）の形式構造解析で指摘されてきた認知的に未熟な把握型をスコアとしたものである。これらのスコアは ASD に特化した特徴ではないが，数値化・比較すると ASD 群が有意に多く出現することが研究から明らかになっている（明翫ら，2005；明翫・辻井，2007）。これらの結果は，単に ASD 者の認知が未熟ではなく，ASD 独自の認知特性が反映されていることが示されている。なかでもブロットの細部の一部に焦点が集中して，全体に把握が未分化であることが，"knowledge slip" のスコアに該当する。このスコアに代表される反応スタイルは，ロールシャッハ・テストだけでなく人物画・風景構成法にも見られる特徴である（明翫ら，2011；内田ら，2014）。次に，図 10-1 の正当性の主張と対人関係的側面をご覧いただきたい。この 2 つのカテゴリーに ASD の対人コミュニケーションの特徴が見られる（内田ら，2012）。ロールシャッハ・テスト上で観察されるコミュニケーションの問題は，ASD の認知特性と絡み合っている点が重要である。

　一方で，統合失調症のロールシャッハ反応様式は，反応の浮動性・感覚の

自由反応段階	質疑段階
知覚→意味知覚→概念形成→→言語表現→→→合理化→→→→→→→→→論理形成	
生産性 CONSTRICTIVE ATTITUDE 定型発達群と比較すると，萎縮した印象を与えるプロトコルが多い。しかし additional response が出現するところから反応意欲があるといえる。 把握型（ブロット優位な把握） 子どもに見られる未熟な把握型 距離の喪失のしやすさ。 Syncretic confabulation D→W Dd→D The Confabulatory combination アンバランスな認知 knowledge slip	**正当性の主張** personal experience が少ない 個人的体験を用いて反応の正当性を主張する防衛操作が少ない。 assertion of belief 自分の反応における確信を主張する。 exactness limitation ブロッドに細部に引き付けられて反応するが，質疑段階では自分のイメージに合うようにインクブロットを切断したりする。 unbalanced blends 未熟な把握型と正確性を求める傾向が同時に起こる（認知の不均衡さ）。
対人関係的側面	
DEFFENSIVE　ATTITUDE question for instruction が少ない apology(self-critic) が少ない 検査者と関わりながら検査を進めることが少ない。	incapacity of explanation improtence 検査者と関りながら検査を進めることが少ない一方で，無力感に言及する現象が起きる。 reaction of explanation 検査者に反応の説明を求められても，「わかりません」「知りません」と拒否する傾向がある。 concept description 反応の知覚理由を説明する際に，知覚理由を説明するのではなく，反応概念を話す。
INAPPROPRIATE BEHAVIOR 検査の進行の妨げになるような行動，ロールシャッハ課題の注意集中の低下，図版に対する行為などが多く出現する。	

図 10-1　自閉症スペクトラム障害のロールシャッハ反応様式（明翫，2009）

自由反応段階	質疑段階
知覚→意味知覚→概念形成→→言語表現→→→合理化→→→→→→→→→論理形成	

知覚→意味知覚→概念形成→→言語表現→→→合理化→→→→→→→→→論理形成

生産性

CONSTRICTIVE ATTITUDE
rejection card description ：
反応拒否や叙述的反応が多い。

把握型（概念優位な把握）

confabulation
fabulized combination
arbitrary response
blot relation
overdue relationship verbalization
arbitrary linkage ：
成熟な把握に達していないところで，自閉症スペクトラム症候群と共通している。しかし，統合失調症群の場合，インクブロットの結合の際に作話が展開したり，具体的に個々のインクブロットが知覚する前に結合させ反応算出してしまうような，連想過程の Loose さが加わっている。
deterioration of color：現実性を全く無視した色彩反応

反応の浮動性

indifferentiation of perspects
apathy in decision fluid
vangueness ：
形態知覚が曖昧な反応や 1 つの反応なのか 2 つの反応なのか判断できない反応，ある反応から別の反応へ移行する様な浮動性がみられる。

感覚の優位性

ABSTRACTION AND CARD IMPRESSION
impressionistic response kinetische Description
ausittic symbol（autistic logic）：
形態知覚が伴わないまま，内的な感覚や外界から印象に押されて
反応として出てしまう。

自閉的な合理化

personal belief
反応の根拠を自己の欲求や動機に求める。自己との関係付けが強い。
delusional belief
図版としての心的距離を失った場合で，図版に対して妄想的解釈をしている。
autistic logic
出された反応の説明が個人的・自閉的である。
contradiction
思考過程に論理的矛盾があり，それを平気で述べる。

対人関係的側面

DEFFENSIVE ATTITUDE：
question for instruction が少ない。つまり，検査者との関係性の中で生じる現象が少ない。

incapacity of explanation
improtence
検査者と関わりながら検査を進めることが少ない一方で，無力感を言及する現象が起きる。
VERBAL STRANGENESS：言語新作や文法の間違いなど言語使用に問題が起きやすい。

図 10-2　統合失調症のロールシャッハ反応様式（明翫，2009）

優位性と自閉的な合理化の 2 点が ASD 群との相違点となる。図 10-2 の把握型・反応の浮動性・感覚の優位性と自閉的な合理化である。これらは，統合失調症の思考障害となる連想弛緩や自閉的思考が反映されたものと考えられる。

　今回，ASD と統合失調症の 2 つの病理の極の比較を示したが，まだ鑑別指標の提示まで研究が進んでいない。現時点では，(実際の複雑化した臨床現場で出会うクライエントでは両極の間に位置すると思われるが) 今回の 2 つの両極の反応様式を知ることによって，我々は少なくとも ASD 極よりの反応か統合失調症極よりの反応かを考察することができると考えられる。

Ⅲ．発達支援に役立てる視点を持つということ：発達支援モデル

　ASD 者に対してロールシャッハ・テストを施行・解釈すると多くの場合，「ある難しさ」に直面する。心理検査所見から臨床的支援の方向性が見えにくい点である。形式分析・数量的分析の観点から「共感性（M）」，「常識性（P）」，「現実吟味（形態水準）」，「対処能力不全（CDI）」などの難しさが示唆されるが，この観点のトップダウン的な分析のみでは ASD 者の全般的な（曖昧な）生活上の困難さという形でしか捉えられず，そこからどうしていけば良いかという支援を考えていくことが難しくなっている。つまり，外界をどのように捉えているかをより細かな点で解釈していく（ボトムアップ的な視点）ことが必要になってくる。発達支援に役立つロールシャッハ解釈の視点を構築することが現在の筆者の関心領域となっている。

　筆者は，ASD のロールシャッハ研究をしていく中で，自閉症の認知心理学理論や実際の臨床像とロールシャッハ指標の解釈理論との間のズレを違和感として抱いてきた。おそらく ASD 者が産出するロールシャッハ反応の細かな認知的特徴を拾うことなく解釈を読み進めると，ロールシャッハ・テストの指標や解釈が想定する情報処理過程（トップダウン的分析からの理解）と実際の姿が徐々に離れていくためであろうと考えられる。この現象はロールシャッハ解釈だけでなく，WAIS の解釈（糸井，2013）においても起こりうることを日本ロールシャッハ学会のシンポジウムで知った。さらに K-ABC Ⅱにおいても指標を構成する下位検査の評価点間に一貫性が見られる場合のみ尺度指標を解釈するとしている（Kaufman *et al.*, 2005）。つまり，その指標を構成する下位尺度評価点にバラつきがあり，しかもその差が希な差である

　場合は，その尺度が想定する情報処理過程が正しく反映していないと考えるのである。これらの知見を知って，筆者は改めてロールシャッハ・テストでも同じことが起こりうると考えるようになった。このズレを埋めるためにはプロトコルの一つひとつの反応産出過程に立ち返った質的な分析（ボトムアップ的視点）が必要となる。

　質的な分析に目を向けると，我々は精神力動的視点による継起分析を思い浮かべる。この視点は関係性やパーソナリティ像を推測し，今後の心理療法による関係性の予測に役立つアプローチであり，筆者は仮に心理療法モデルと呼んでいる。一方，発達障害のクライエントの抱えている問題は生活障害（田中，2014）にもあるように具体的な社会生活を送るうえでの躓きと自尊心の傷つきである。発達支援は，まさにその生活の生きにくさを丁寧に分析して，クライエントが一つひとつの困難を乗り越えていくための具体的助言を必要とする。その際に必要なアセスメント情報は，防衛機制や対象関係以上にクライエントの認知特性とさまざまな刺激の処理の仕方であり，筆者はこの視点に立ったアセスメントモデルを発達支援モデルと呼んでいる。クライエントの認知特性やその認知特性を踏まえた刺激の対処が把握できれば，検査者の中で「こういう捉え方をしていれば，こういうトラブルが起きるのは無理もないかもしれない」，「このトラブルが減るためにはこういう対処や工夫が役立つかもしれない」という着想や支援に関するアイディアが浮かびやすい。

　ロールシャッハ・テストの発達支援モデルによる解釈では，プロトコルの1つひとつの反応の成り立ちに注目する。特に反応として取り入れたインクブロットの領域の用いられ方（把握型）に着目する。発達障害領域ではこの把握型の特徴に全体的統合理論などの自閉症スペクトラムの認知特性が反映されやすい。このように通常の解釈仮説とは異なる視点を持つことでロールシャッハ・テストの可能性が広がる。筆者は，実際には以下の3つのステップを踏んで解釈するよう努めている（明翫，2013）。

（1）ロケーション・チャートを眺め，被検者の反応領域の区切り方や示したポイントを確認する

　反応領域の区切り方は，外輪郭形態という視点が参考になる。我々は，物を見るときにはその形の輪郭（外輪郭形態）を確実にたどって把握していく。ロールシャッハ・テストは，この把握する力について非常に多くの情報を提供してくれる。発達障害のロールシャッハ反応の多くは（発達障害に限らず

臨床群において)，この外輪郭形態を確実にたどった形跡がなく，ある一部分はたどっているが，それ以外の領域は曖昧であるといったように領域で示すポイントが少ない反応（曖昧な反応）が多い。このような反応は，ただ「曖昧な反応」としてのみ処理されることが多いが，曖昧な反応という感触を持った時ほど，この領域の区切り方や被検者が示したポイントを確認することが必要である。またインクブロットには，採用した被検者の反応とは不一致となる細部が多くある。その不一致点を被検者がどう対応するかも検討する必要がある。よく見られるのは，ブロットの一部分を不問にすることができず，形態水準を低くする形で反応に取り込む場合である（距離の喪失）。従って，ロケーション・チャートを検討する際には，被検者が示したポイントが少なくないか，あるいは不問にできなかった部分はないか検討することが重要である。

（2）質疑段階での反応概念とブロットの対応における被検者の説明を検討する

（1）で被検者が反応領域で示したポイントは被検者なりの反応の根拠と言えるものであり，被検者が示したポイントが適切か，そのポイント以外の多数の不一致部分についてはどのように処理しているかを考えながら，質疑段階の説明を吟味することになる。その際に以下の辻（1997）の論考が参考になる。良形態反応を産出するためには，まず被検者の記憶像（エングラム）が多く求められる。しかし，インクブロットは漠然図形であり，インクのしみ以外の何ものでもありえないため，当然被検者の記憶像とは細部の不一致が多くあり，完全に一致することはない。そこで，そのような条件の中，Aという概念であり他とは識別しうる条件の重要性をふまえて重要なポイントを選び出し，多くの不一致がある中で押さえておくべき一致点を押さえ，その他を不問にするという，被検者の主体性あるいは自我の能動性が必要とされる。そして，その一致と不一致の選択に要請される一般妥当性をクリアする必要がある。

（3）これらのステップを踏まえて，反応産出過程の図式（図10-3）のプロセスをたどって，どの作業に問題が生じているのかを検討する

反応産出過程の図を眺めてみると，新たな発見に至ることが多い。ロールシャッハ反応を産出するという行為が，日常生活では状況を自分なりに読み取り，判断・決定を行った上での言動であると捉えると，このプロセスで理

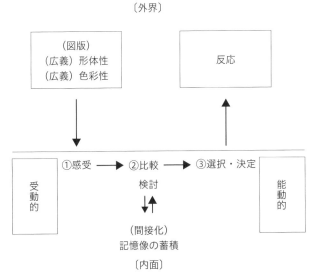

図 10-3　辻（1997）の反応産出の過程

解できたことが発達支援にそのまま活用できる。

IV.　おわりに——発達支援モデルとは一体何か？

　WAIS において発達障害の心理アセスメントの臨床的深化に成功している糸井（2013）の解釈プロセスを紹介する。糸井は，回答の結果が生み出されるメカニズムを明らかにする目的で，刺激−入力−処理−反応の図式で考えている。

（1）刺激:情報量，刺激の具体性−抽象性，課題解決の手掛かりとなる情
　　報の有無。
（2）反応：反応潜時，課題遂行時間，課題遂行プロセス，反応内容（誤
　　答），DK 回答の量など。
（3）上記の刺激特徴の変化に伴う反応パターンの違いを観察すると情報処
　　理のプロセスを理解できる。
（4）入力−処理:直接観察できない側面。その課題を解決するために必要
　　な情報処理プロセス（認知機能）・発達障害の認知特性を想定して，反応
　　を分析する。

（5）下位検査間－下位検査内の時間的系列：変化への対処能力，強迫性の
　　有無，持続性の注意，検査の構えなどに注目する。

　筆者は，この解釈ストラテジーを辻の反応産出過程の図式に対応させると
全て当てはまることに気がついた（図 10-4）。WAIS でもロールシャッハ・
テストにおいても，ボトムアップ的解釈的視点は大きく変わらず，テスト図
版の刺激・構造の違いだけかもしれないと思うようになった。テスト刺激の
性質を捉えて，テスト反応を人間の認知的側面で理解していく視点は共通性
が高いのであろう。
　発達支援モデルによるロールシャッハ解釈は，古くて新しいアプローチで
あると筆者は考えている。ここで示した解釈理論は，Rapaport（1946）の
自我心理学（距離の概念），Meili-Dworetzki（1956）の発達理論，植元
（1964）の思考言語カテゴリー，辻（1997）の形式構造解析が基礎になって
いるからである。ではこのモデルの新しい点は何かといえば，これらのロー
ルシャッハ理論と自閉症理論とがしっかり重なりうる（つまり，応用が十分

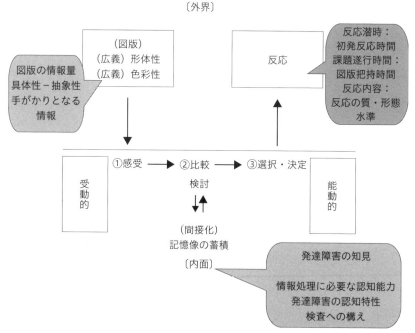

図 10-4　辻（1997）の反応産出過程と糸井（2013）の解釈方略との対応

可能である）という点であろう（詳しくは『包括システムによる日本ロール
シャッハ学会』誌第 17 巻掲載「第 18 回大会シンポジウム録発達障害のアセ
スメントにおけるロールシャッハ・テストの可能性」参照）。ロールシャッ
ハ・テストにおいても通常とは異なる代替的なモデルで継列分析することで，
発達障害領域における臨床的深化は十分可能であると考えられる。本稿がロ
ールシャッハ・テストの解釈の視野を広げるきっかけになれば幸いである。

文　　献

糸井岳史（2013）発達障害特性を持つ事例の WAIS-III 解釈方略．ロールシャッハ法研究，
　　17, 17-19.
Kaufman, A. S., Lichtenberger, E. O., Fletcher-Janzen, E., Kaufman, N. L.（2005）
　　Essentials of KABC-II Assessment. John Wiley & Sons.（藤田和弘・石隈利紀・青山真
　　二・服部環・熊谷恵子・小野純平（2014）KABC-II による心理アセスメントの要点．
　　丸善出版．
Meili-Dworetzki, G.（1956）The development of perception in the Rorschach.
　　In: Klopfer, B.（Ed.）*Developments in the Rorschach Technique Vol. II: Field of
　　Application.* Harcourt, Brace & World, pp.105-176.
明翫光宜・内田裕之・辻井正次（2005）高機能広汎性発達障害のロールシャッハ反応：反
　　応様式の質的分析．ロールシャッハ法研究，9, 1-9.
明翫光宜・辻井正次（2007）高機能広汎性発達障害と統合失調症におけるロールシャッハ
　　反応の特徴―反応様式の質的検討．ロールシャッハ法研究，11, 1-12.（本書 12 章）
明翫光宜（2009）高機能広汎性発達障害のロールシャッハ法に関する研究：発達障害を捉
　　えるロールシャッハ法の方法論の構築．中京大学博士学位請求論文．未公刊．
明翫光宜・望月知世・内田裕之・辻井正次（2011）広汎性発達障害の人物画研究（1）：
　　DAM 項目による身体部位表現の分析．小児の精神と神経，51(2), 157-168.（本書 7
　　章）
明翫光宜（2013）発達支援モデルとしてのロールシャッハ法．ロールシャッハ法研究, 17,
　　14-16.
明翫光宜（2015）児童期（教育場面）．In：高橋依子・津川律子編：臨床心理検査バッテ
　　リーの実際．遠見書房．
Rapaport, D.（1946）*Diagnostic Psychological Testing II.* The Year Book.
田中康雄（2014）成人期の発達障害．臨床精神医学，43(8), 1173-1178.
辻悟（1997）ロールシャッハ検査法：形式・構造解析に基づく解釈の理論と実際．金子書
　　房．
内田裕之・明翫光宜・辻井正次（2012）自閉症スペクトラム障害のコミュニケーションの
　　問題について：ロールシャッハ・テスト質疑段階でのやり取りを通して．ロールシャ
　　ッハ法研究，16, 3-12.
内田裕之・明翫光宜・稲生慧・辻井正次（2014）自閉症スペクトラム障害の風景構成法の
　　特徴（1）：構成型の視点から．小児の精神と神経，54(1), 29-36.
植元行男（1964）ロールシャッハ・テストを媒介として，思考，言語表現，反応態度をと
　　らえる分析枠の考察とその精神病理研究上の意義．名古屋医学，87(1), 297-355.

第11章

高機能広汎性発達障害と統合失調症におけるロールシャッハ反応の特徴（1）

数量的分析

Ⅰ．問　　題

　近年，自閉症の生物学的研究や精神病理学的研究，心理学的研究が活発に行われ，大きな飛躍を遂げている。自閉症研究の進歩に従い，自閉症概念も拡大してきた。それに伴い，知的障害を伴わない自閉症群である高機能広汎性発達障害 (High-Functioning Pervasive Developmental Disorder, 以下HFPDD とする) と他の精神疾患の病態との合併，あるいは誤診が問題となった（明翫・吉橋・杉山，2005）。HFPDD 者は，一般的に知能が高いが，独自の自我の脆弱性を抱えており，混乱や不安が生じると身体化や精神症状を示しやすい。特にいじめなど周囲からの不適切な対応を積み重ねた HFPDD青年は，関係念慮や妄想・幻覚などの一過性の精神病状態に陥ることも稀ではない。この状態を，発達障害の存在に気づかずに成人の疾病概念に基づいて診断を行えば，多くの誤診例が生じると考えられる。

　特に注意を要するのは未診断・未治療の HFPDD 青年が，失調症型パーソナリティ障害や統合失調症と診断され，治療を受けている場合である。杉山（2002）の精神病理学的研究では，HFPDD に合併する統合失調症圏の病態は，いじめなどの迫害的体験や社会的不適応が高じてタイムスリップ現象や，ファンタジーへの逃避といった自閉症の症状の延長上に展開していることを明らかにしている。さらに杉山（2002）は，稀にではあるが HFPDD から統合失調症に移行した可能性が否定できない症例もあると付け加えている。ここから自閉症と統合失調症は別の病態であり，基本的にはオーバーラップしないと考えられる。実際に，統合失調症として長期間にわたり治療を受けたアスペルガー症候群の成人（Lawson, 1998）も存在することを踏まえると，HFPDD と統合失調症の鑑別は重要であると筆者は考える。

　そこで精神科医療における，代表的な心理検査であるロールシャッハ・テストにおいて，HFPDD の特徴に関する資料を提供することが重要である。

しかし，HFPDD の特徴に関する知見はまだ少ない。実際に HFPDD 者にロールシャッハ・テストを施行し解釈を行うと，統合失調症に関する研究知見やデータに頼って解釈をするために，統合失調症圏の問題を示唆する結果になりやすい。例えば，修正 BRS や形態水準の数値は統合失調症を示唆する結果となり，HFPDD 群と統合失調症群とが弁別できないようにみえてしまう場合などである（辻井・内田，1999）。

　今後の課題として，HFPDD 者と統合失調症患者との実証的な比較研究が望まれる。実際に HFPDD 者と統合失調症患者との比較は，隠岐（1982）の研究と Dykens, Volkmer と Glick ら（1991）の研究のみである。隠岐（1982）の研究は，自閉症群と統合失調症群は互いに母集団が異なると述べているに留めており，Dykens らの研究は Exner の統合失調症データを参考にしているに留まっている点や，形態水準や特殊スコアの数値のみから HFPDD 群に思考障害，または統合失調症との共通点を示唆するなど，両群の比較研究としては十分とはいえない。両群の比較にはさらなる詳細な検討が必要である。

　そこで本研究では，明翫（2006）の続報として，数量的分析における HFPDD 群と統合失調症群の比較を取り上げる。加えて，Holaday, Moak と Shipley ら（2001）のアスペルガー症候群鑑別のガイドラインの妥当性の検討も試みる。本研究により HFPDD 群と統合失調症群のロールシャッハ反応の共通点と相違点を記述することで，HFPDD および統合失調症の心理査定ならびに臨床心理学的援助の一助としたい。

II. 方　　　法

（1）対　　　象

　HFPDD 群はA大学医学部精神科外来，B大学医学部小児科およびそれらの関連病院において，ICD-10（WHO）に基づいて児童精神科医が高機能広汎性発達障害と診断し，1 名以上の臨床心理士が診断を確認している思春期・青年期症例（17.91 ± 3.70 歳 range13-26）22 名（男子 18 名，女子 4 名）である。また HFPDD 群は地域発達援助システムである「NPO 法人アスペ・エルデの会」の会員でもある。知能検査（WISC-III, WAIS-R）での全 IQ の平均値は 92.91 ± 14.44（range70-120）である。

　比較群として，統合失調症群は（以下 S 群とする）は，ICD-10 に基づいて精神科医が統合失調症と診断した症例（21.70 ± 3.96 歳 range14-29）27 名（男性 14 名，女性 13 名）である。

（2）材料

ロールシャッハ標準図版1式。

（3）手続き

　HFPDD群の検査の実施は，「NPO法人アスペ・エルデの会」における発達支援プログラムの基礎研究の一環として行い，研究の趣旨については本人と保護者に説明して，同意の得られたHFPDDの青年を対象とした。また，S群のロ・テストは，研究協力者から提供を受けたものである。なお実施期間は2003年8月～2005年12月にかけてである。

　反応のコーディングは，筆者を含めた2名の臨床心理士が包括システムに準拠して独立して記号化した。形態水準の評定については基本的にExner（1995）の形態水準評定に準拠した。また文化差による影響を考慮して高橋・高橋・西尾（2002）の形態水準表も参照した。なおコーディングの際に不一致が生じた反応については，筆者らが合議によって決定した。

　結果の処理にあたっては包括システムに従って，反応数が14個未満の者は本研究の対象から除外している。HFPDD群では12名（男子10名，女子2名），S群では12名（男子8名，女子4名）が除外となった[注1]。また，HFPDD群とS群のロールシャッハ変数の比較は，分散の偏りを考慮して正規分布を前提しないU検定を行った。またHFPDD群とS群のロールシャッハ反応の主な指標の度数の比較について，x^2検定またはFisher直接法を行った。

Ⅲ. 結　果

　HFPDD群とS群の主なロールシャッハ変数の平均，標準偏差，中央値を表11-1に示した。またHFPDD群とS群のロールシャッハ反応の主な指標の度数を表11-2に示した。

注1）HFPDD群，S群ともに反応数が14未満の者が多かった要因について，以下の2点が考えられる。両群の反応数が14個未満のプロトコルをみると，「インクのしみ」といった叙述反応（card description, color description）が多いことが見出された。ここから，筆者はこれらのプロトコルには被検者の萎縮した態度が反映されており，それが反応数の少なさにつながったと考えた。また反応数が13未満の場合は，再度検査の目的や方法について説明して動機づけることで，14個以上の反応を生成することが多くなることが期待できる。しかし，本研究では再施行を行った事例もあるが，大半の事例はクライエントの疲労等を考慮して再施行を行わなかった。

（1）構造変数における HFPDD 群と S 群の比較

顕著な結果を示した項目のみを示す。領域について，W では S 群が有意に高かった。一方，D と Dd は，いずれも HFPDD 群が有意に高かった。また Dd ＞ 2 の該当者についても，HFPDD 群が有意に多かった。発達水準では，DQo と DQv において HFPDD 群が有意に高かった。Zf では，S 群が有意に高かった。

形態水準では，WDA%，Xu%，FQu について，いずれも HFPDD 群が有意に高かった。また WDA% ＞ .85，Xu% ＞ .20 の該当者に関しても，いずれも HFPDD 群が有意に多く該当した。

決定因について，形態反応では HFPDD 群が有意に高かった。運動反応ではm，色彩反応では C において，S 群が有意に高かった。濃淡反応では，SumV について S 群が有意に高かった。

体験型においても，収縮両向型に該当する者が HFPDD 群に有意に多かった。一方，不定型，超内向型の該当者が S 群に有意に多かった。

反応内容について，(Hd) と AllH ではいずれも HFPDD 群が有意に低かった。

その他の変数について，ペア反応と自己中心性指標では，いずれも HFPDD 群が有意に低かった。

特殊スコアでは，Sum6Sc2，WSum6 では，いずれも S 群が有意に高かった。特殊スコアの下位スコアでは，INC2，FAB2，ALOG において S 群が有意に高かった。また MOR，PHR においても S 群が有意に高かった。特殊指標について，PTI では S 群が有意に高かった。また PTI ＝ 3 の該当者についても S 群が有意に多かった。

（2）Holaday らのガイドラインについて

Holaday らのガイドラインのうち「WSumC：年齢に期待される値の半分」という基準があるが，明確な基準は示されていない。そこで，本研究では成人の基準データを参考にし，WSumC の平均値を 3 と設定し，WSumC ＜ 1.5 という基準とした。

Holaday らのガイドラインの各指標における HFPDD 群，S 群の度数を表 11-3 に示した。また，各指標を 1 点として，その得点別の度数分布を図に示した。x^2 検定を行った結果，M ＜ 2，EA＜4 の該当者は，いずれも HFPDD 群が有意に多かった。またガイドラインの合計得点において U 検定を行ったところ，HFPDD 群が有意に高かった。

表 11-1　HEPDD 群と S 群におけるロールシャッハ反応の主な指標の度数

ロールシャッハ変数	HFPDD 群　N=22		S 群　N=27		x^2-test または Fisher 直接法
	人数	%	人数	%	
内向型	3	13.6	0	0.0	n.s.
超内向型	0	0.0	6	22.2	P=0.021 *
不定型	1	4.5	10	37.0	P=0.007 **
外拡型	2	9.1	0	0.0	n.s.
超外拡型	6	27.3	6	22.2	n.s.
回避型	0	0.0	0	0.0	n.s.
収縮両向型	10	45.5	5	18.5	x^2=4.14 *
XA% >.89	2	9.1	0	0.0	n.s.
XA% <.70	8	36.4	14	51.9	n.s.
WDA% >.85	4	18.2	0	0.0	P=0.035 *
WDA% <.75	10	45.5	16	59.3	n.s.
X+% <.55	18	81.8	21	77.8	n.s.
Xu% >.20	17	77.3	11	40.7	x^2=6.60 *
X-% >.20	18	81.8	24	88.9	n.s.
X-% >.30	9	40.9	13	48.1	n.s.
Lambda>.99	17	77.3	16	59.3	n.s.
Dd>2	17	77.3	10	37.0	x^2=7.93 *
DQv+DQv/+>2	15	68.2	12	44.4	n.s.
SumT=0	20	90.9	24	88.9	n.s.
SumT>1	0	0.0	1	3.7	n.s.
Populars<4	13	59.1	12	44.4	n.s.
Populars>7	1	4.5	1	3.7	n.s.
COP=0	19	86.4	20	74.1	n.s.
GHR>PHR	7	31.8	4	14.8	n.s.
PureH<2	5	22.7	10	37.0	n.s.
PureH=0	7	31.8	7	25.9	n.s.
Mp>Ma	3	13.6	5	18.5	n.s.
PTI=5	1	4.5	2	7.4	n.s.
PTI=4	3	13.6	2	7.4	n.s.
PTI=3	0	0.0	9	33.3	P=0.002 **
CDI=5	5	22.7	5	18.5	n.s.
CDI=4	6	27.3	10	37.0	n.s.

＊：p<0.05, ＊＊：p<0.01

表 11-2　Holaday らのガイドラインの度数

	HFPDD 群　N=22		S 群　N=27		x²-test または Fisher 直接法
	N	%	N	%	
COP=0	19	86.4	18	66.7	n.s.
CDT>3	11	50.0	12	44.4	n.s.
T=0	20	90.9	24	88.9	n.s.
M<2	15	68.2	9	33.3	$x^2=5.89$ *
H<2	14	63.6	12	44.4	n.s.
WsumC>1.5	7	31.8	7	25.9	n.s.
EA<4	12	54.5	6	22.2	$x^2=5.45$ *
合計	平均（SD）		平均（SD）		U-test
	5.00(1.79)		3.26(1.77)		190.5 *

* : p<0.05, ** : p<0.01

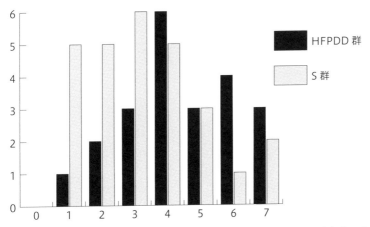

図 11-1　HFPDD 群，S 群における Holaday *et al.* のガイドライン総合得点の分布

　またガイドラインの合計得点で，HFPDD 群と S 群を最も鑑別できる分割点を探索するために，以下の手続きを行った。両群の全体の中央値は 4 であったので，分割点を 3 点，4 点，5 点とした場合の指標の該当者を以下に示す（表 11-4）。分割点を 4 点にした場合，両群の得点分布（図 11-1）には有意差が認められた。

　ここで Stott（1960）の手法にならい，4 点以上の該当者に HFPDD 傾向

表 11-3　HFPDD 群と S 群における主なロールシャッハ変数の平均値①

構造一覧表	HFPDD 群　N=22			S 群　N=27			U-test
	平均	SD	Me	平均	SD	Me	
R	26.41	9.25	24.0	22.22	6.42	20.0	n.s.
W	9.82	6.84	8.0	13.00	5.48	12.0	172 *
D	11.68	8.36	10.0	6.37	4.32	6.0	167.5 **
Dd	4.91	2.76	5.0	2.85	2.68	2.0	163.5 **
S	2.14	1.83	2.0	2.22	1.83	2.0	n.s.
DQ+	3.23	3.85	2.0	4.52	3.54	4.0	n.s.
DQo	18.68	6.99	18.0	14.85	6.93	13.0	185.5 *
DQv/+	0.27	0.88	0.0	0.44	1.09	0.0	n.s.
DQv	4.32	3.06	4.0	2.41	2.00	2.0	186 *
FQ+	0.05	0.21	0.0	0.00	0.00	0.0	n.s.
FQo	11.14	5.78	9.5	9.52	2.68	10.0	n.s.
FQu	8.14	3.76	8.0	4.67	2.27	5.0	128.5 **
FQ-	7.09	3.01	7.0	7.78	4.38	7.0	n.s.
FQnone	0.00	0.00	0.0	0.07	0.38	0.0	n.s.
M	1.91	3.01	1.0	2.93	3.27	2.0	n.s.
FM	2.55	2.82	2.0	2.26	2.52	1.0	n.s.
m	0.68	1.21	0.0	1.70	1.49	2.0	180.5 *
FC	1.50	1.79	1.0	0.96	0.90	1.0	n.s.
CF	1.91	2.31	1.0	1.30	1.35	1.0	n.s.
C	0.18	0.66	0.0	0.96	1.13	1.0	171 **
Cn	0.00	0.00	0.0	0.11	0.32	0.0	n.s.
SumC	3.59	2.56	3.0	3.22	2.12	3.0	n.s.
WSumC	2.93	2.42	2.3	3.22	2.43	3.0	n.s.
FC'	1.23	1.31	1.0	1.00	1.88	0.0	n.s.
C'F	0.32	1.13	0.0	0.07	0.27	0.0	n.s.
C'	0.00	0.00	0.0	0.11	0.32	0.0	n.s.
SumC'	1.27	2.10	0.5	1.15	1.94	0.0	n.s.
FT	0.09	0.29	0.0	0.15	0.46	0.0	n.s.
TF	0.05	0.21	0.0	0.00	0.00	0.0	n.s.
T	0.00	0.00	0.0	0.00	0.00	0.0	n.s.
SumT	0.09	0.29	0.0	0.15	0.46	0.0	n.s.
FV	0.05	0.21	0.0	0.22	0.42	0.0	n.s.

表 11-3　HFPDD 群と S 群における主なロールシャッハ変数の平均値①（つづき）

構造一覧表	HFPDD 群　N=22			S 群　N=27			U-test
	平均	SD	Me	平均	SD	Me	
VF	0.00	0.00	0.0	0.04	0.19	0.0	n.s.
V	0.00	0.00	0.0	0.00	0.00	0.0	n.s.
SumV	0.05	0.21	0.0	0.26	0.45	0.0	233.5 *
FY	0.68	1.13	0.0	0.26	0.59	0.0	n.s.
YF	0.09	0.29	0.0	0.15	0.46	0.0	n.s.
Y	0.00	0.00	0.0	0.11	0.32	0.0	n.s.
SumY	0.73	1.12	0.0	0.48	0.94	0.0	n.s.
SumShad	0.91	1.11	1.0	0.89	1.31	0.0	n.s.
F	15.95	6.62	15.5	11.93	6.97	10.0	168.5 *
FD	0.00	0.00	0.0	0.15	0.36	0.0	n.s.
Fr	0.00	0.00	0.0	0.15	0.46	0.0	n.s.
rF	0.05	0.21	0.0	0.00	0.00	0.0	n.s.
(2)	3.05	3.14	2.0	5.85	4.02	5.0	167 **

表 11-4　HFPDD 群と S 群における主なロールシャッハ変数の平均値②

構造一覧表	HFPDD 群　N=22			S 群　N=27			U-test
	平均	SD	Me	平均	SD	Me	
EGI	0.13	0.13	0.1	0.32	0.19	0.4	128.5 **
Lambda	2.62	2.88	1.8	2.44	5.42	1.1	n.s.
EA	4.86	4.27	3.5	6.24	4.09	5.0	n.s.
Es	6.27	4.36	6.0	6.30	4.44	6.0	n.s.
D	-0.50	1.41	-0.5	-0.04	1.45	0.0	n.s.
AdjD	-0.14	1.36	0.0	0.33	1.27	0.0	n.s.
a	4.09	4.10	3.0	4.63	3.60	4.0	n.s.
p	1.50	2.39	0.5	2.11	1.89	2.0	n.s.
Ma	1.00	1.41	0.5	1.78	2.26	1.0	n.s.
Mp	0.91	2.20	0.0	1.22	1.42	1.0	n.s.
Intellect	1.09	1.95	0.0	1.33	1.98	0.0	n.s.
Zf	10.55	7.92	8.0	13.74	5.43	12.0	162.5 **
Zd	-3.20	6.46	-1.0	-1.31	5.55	-1.0	n.s.
Blends	1.45	1.47	1.0	2.44	2.49	1.0	n.s.
Blends/R	0.05	0.05	0.0	0.11	0.12	0.1	n.s.
Afr	0.57	0.31	0.5	0.43	0.12	0.4	194.5 *

表 11-4　HFPDD 群と S 群における主なロールシャッハ変数の平均値②（つづき）

構造一覧表	HFPDD 群　N=22			S 群　N=27			U-test
	平均	SD	Me	平均	SD	Me	
Popular	3.23	1.93	3.0	4.04	1.85	4.0	n.s.
X+%	0.42	0.15	0.4	0.44	0.12	0.4	n.s.
XA%	0.72	0.12	0.7	0.65	0.11	0.7	n.s.
WDA%	0.75	0.15	0.8	0.70	0.12	0.7	193.5 *
X-%	0.28	0.12	0.3	0.33	0.11	0.3	n.s.
Xu%	0.30	0.10	0.3	0.21	0.09	0.2	159 **
S-%	0.14	0.23	0.0	0.17	0.18	0.1	n.s.
Isolate	0.12	0.09	0.1	0.15	0.12	0.1	n.s.
H	1.95	2.66	1.0	2.22	2.21	2.0	n.s.
(H)	0.64	0.95	0.0	0.89	1.09	1.0	n.s.
Hd	0.73	0.98	0.0	1.30	1.27	1.0	n.s.
(Hd)	0.77	1.15	0.0	1.33	1.11	1.0	204 *
Hx	0.18	0.39	0.0	0.04	0.19	0.0	n.s.
All H	4.27	3.82	3.0	5.78	2.74	6.0	181.5 *
DV1	0.64	1.36	0.0	0.56	0.80	0.0	n.s.
DV2	0.09	0.29	0.0	0.22	0.58	0.0	n.s.
INC1	0.82	1.26	0.0	0.85	0.82	1.0	n.s.
INC2	0.32	0.78	0.0	0.78	1.05	0.0	211 *
DR1	1.45	2.82	0.0	0.44	0.85	0.0	n.s.
DR2	0.32	1.29	0.0	0.19	0.62	0.0	n.s.
FAB1	1.05	1.40	1.0	0.74	0.98	0.0	n.s.
FAB2	0.18	0.39	0.0	0.96	1.45	0.0	216 *
ALOG	0.14	0.35	0.0	0.89	1.25	0.0	195 *
CONTAM	0.00	0.00	0.0	0.04	0.19	0.0	n.s.
COP	0.18	0.50	0.0	0.59	1.22	0.0	n.s.
MOR	0.68	1.43	0.0	1.33	1.39	1.0	181.5 **
PSV	1.18	1.84	0.5	0.37	0.63	0.0	n.s.
GHR	2.14	1.96	2.0	2.67	1.59	3.0	n.s.
PHR	2.91	3.42	2.0	3.96	2.95	3.0	185 *

表 11-5　HFPDD 群と S 群における主なロールシャッハの変数の平均値③

構造一覧表	HFPDD 群　N=22			S 群　N=27			U-test
	平均	SD	Me	平均	SD	Me	
Sum6	5.00	5.22	3.5	5.67	3.57	5.0	n.s.
Sum6Sc2	0.82	1.89	0.0	2.15	1.61	2.0	132 **
WSum6	16.09	18.73	9.0	22.67	16.68	18.0	197 **
S-CON	4.70	1.66	5.0	4.33	1.44	4.0	n.s.
PTI	1.32	1.64	0.5	2.22	1.55	2.0	198.5 *
DEPI	3.86	0.89	4.0	3.74	1.16	4.0	n.s.
CDI	3.45	1.22	3.5	3.37	1.18	3.0	n.s.

* $p<0.05$, ** $p<0.01$

表 11-6　Holaday らのガイドラインの度数

	HFPDD 群　N=22		S 群　N = 27		x^2-test または Fisher 直接法
	N	%	N	%	
3 点	19	86.4	17	66.7	n.s.
4 点	16	72.7	11	40.7	$x^2=5.13$ *
5 点	10	45.5	6	22.2	n.s.

* $p<0.05$, ** $p<0.01$

表 11-7　Holaday らのガイドラインの分割点における Range と Selectivity

	Range	Selectivity
3 点	86.4%	52.8%
4 点	72.7%	59.3%
5 点	45.5%	62.5%

* $p<0.05$, ** $p<0.01$

が大きいと仮定して，Range（分割点を越える該当者は HFPDD 群の何％を占めるか）と Selectivity（分割点を越える該当者のうち真の HFPDD 群は何％を占めているか）を算出すると，上記のようになる（表 11-5）。表 11-4 と表 11-5 から，Holaday らのガイドラインにおける両群の分割点は 4 点であるといえる。

Ⅳ. 考　　　察

（1）構造変数からの HFPDD 群と S 群の特徴

　領域では，HFPDD 群はDと Dd が高く，S 群はWが高かった。発達水準では，HFPDD 群は DQo と DQv が高かった。また組織化活動では，Zf においてS 群が高かった。これらの結果から，HFPDD群はWのようにブロット全体を用いるのではなく，Dや Dd の領域を多く用いることがあげられる。しかし，情報処理の質（Zf, DQo, DQv）や形態水準の低さ，特殊スコア（INC, FAB1）を踏まえると，HFPDD 群は領域を適切に扱えないことから焦点づけの問題があると考えられる。一方，S 群は HFPDD 群に比較してブロットを統合する志向が強いと考えられる。さらに形態水準や特殊スコアとの関連を考慮すると，統合性ではなく物事の非本質的なものを排除し，本質的なものを抽出する機能が上手く働かず，周囲にあるものを結び付けてしまう過剰包摂（Arieti, 1974）という現象が反応産出過程上で起きていると考えられる。

　形態水準では，有意差の示された変数は WDA％，Xu％，FQu であり，いずれも HFPDD 群が高かった。また X+％，XA％，X-％，S-％においては両群において有意差が認められなかった。両群ともに形態水準が低い点で Dykens ら（1991）の報告と一致している。しかし，HFPDD 群が FQu, Xu％，Dd の高さを踏まえると，HFPDD 群はブロットの領域を適切に扱えない点で焦点づけの問題が示唆されるが，ブロットと反応を適合させようとする傾向が伺える。このように，形態水準の値において両群は共通していても，反応産出過程において両群に異なる点があることに注目する必要がある。

　決定因では，HFPDD 群は，Fの高さ，ペア反応の少なさが特徴的であった。一方 S 群は，m，SumV，Cなど形態が優位でない反応が多かった。これらの結果より，HFPDD 群の反応は，決定因において 1 つの反応に 2 つ以上の決定因を取り入れる複合認知（辻，1997）の段階にまで至っていないことが考えられる。これは，同時に 2 つの情報を上手く処理するといった，複雑な情報処理の難しさが反映されていると思われる。一方，S 群は，反応産出の際に外界の刺激や運動感覚などの内的な刺激に圧倒されやすいことが窺える。髙橋・北村（1981）も統合失調症者のロールシャッハ反応の特徴の 1 つとして「純粋色彩反応（C）とする色彩型」を詳しく述べている。髙橋・北村によると，インクブロットの色彩認知は，色彩を用いようと意図しなくても，おのずからなされるものであるから，感情が平板化したり，鈍麻しが

ちな統合失調症者は色彩を受動的に反応するために色彩型の体験を生じやすいという。また色彩の受動性という観点からは，Shapiro（1960）は，「慢性統合失調症者が示すCやCnに関しては，色彩反応の心理学的意味を感情面に結び付けて理解することが難しい」と述べ，「CやCnは論理的な機能や適切な図版との距離を保つことができないほど色彩に支配されている状態である」と指摘している。これらの現象は，統合失調症患者が，心の自由度が非常に低く，内界や外界に発生する刺激になすことなく振り回されている状態（中井, 1998）とほぼ一致する。このように両群の体験様式の違いがブロット体験に反映されているように思われる。

　反応内容では，S群に比較してHFPDD群に（Hd），AllHが少なかった。一方，S群においてMOR，PHRの値が高かった。HFPDD群はブロットを1つの物としてとらえやすいため，反応内容も単純な構造を持つ反応内容が出現しやすく，人間反応のような分化した反応は出現しにくかったと考えられる。一方，S群は人間反応が産出されるが，反応産出の際に不問にすることが必要な不一致部分を意味づけてしまうために，MOR，PHRが多く該当したと考えられる。

　特殊スコアでは，S群がHFPDD群に比較して，Sum6Sc2，WSum6の値が高く，また下位スコアではS群にINC2，FAB2，ALOGが高かった。さらに特殊指標ではS群のPTIの値が高かった。詳しくは明翫・辻井（2007）にて検討したが，不適切な結合について，Rapaport（1946）の距離の概念を用いてHFPDD群とS群との質的な違いを検討すると，HFPDD群の不適切な結合は，距離の喪失による統合の失敗である。一方，S群の不適切な結合は，距離の喪失による統合の失敗に加えて，さらに反応形成の過程でブロットから離れて病理的な作話が展開する(距離の増大)。これはRapaportの逸脱言語表現では作話的結合反応と作話反応の違いとなる。包括システムでは，これら区別は非現実性の程度（Level1, Level2）により判断するが，ブロットからの距離の逸脱という観点も加えて検討することが両群の鑑別に有効だと思われる。また質疑段階で，ALOGがS群に多く出現し，HFPDD群に出現しない点も重要である。特殊スコアでは，INC2，FAB2，ALOGが両者の鑑別の注目点となるであろう。

（2）Holadayらのガイドラインについて

　HFPDD群とS群と比較するとHFPDD群が有意に高い結果となった。さらに表11-4，表11-5からガイドラインの総得点において分割点を4点にす

ると，弁別力が最も高くなることが示された。

　しかし，各指標を検討すると出現頻度に有意差が認められた指標は M ＜ 2，EA ＜ 4 のみであり，さらに表 11-5 から HFPDD 群と S 群を弁別するには十分でないことも明らかとなった。統合失調症との弁別力をより高めるためには，本研究で述べてきた両群のブロット体験の違いをサインに反映させる必要がある。

文　　献

Arieti, S.（1974）*Interpretation of Schizo-phrenia, Second Edition*. Basic Books.（殿村忠彦・笠原嘉監訳（1995）精神分裂病の解釈 I，II．みすず書房．）

Dykens, E., Volkmer, F., Glick, M.（1991）Thought disorders in high-functioning autistic adults. *Journal of Autism and Developmental Disorders*, 21(3), 291-301.

Exner, J. E.（1995）*Rorschach Form Quality Pocket Guide.* Rorschach Workshops.（中村紀子・店網永美子・丸山香訳（2002）ロールシャッハ形態水準ポケットガイド（改訂版第 3 刷）．エクスナー・ジャパン・アソシエイツ．）

Holaday, M., Moak, J., Shipley, M. A.（2001）Rorschach protocols from children and adolescents with Asperger's disorder. *Journal of Personality Assessment,* 76(3), 482-495.

Lawson, W.（1998）*Life Behind Glass.* Southern Cross University Press.（ニキリンコ訳（2001）私の障害，私の個性．花風社．）

明翫光宜（2006）高機能広汎性発達障害のロールシャッハ反応─数量的分析．包括システムによる日本ロールシャッハ学会誌，10(1), 31-44.

明翫光宜・辻井正次（2007）高機能広汎性発達障害と統合失調症におけるロールシャッハ反応の特徴─反応様式の質的検討．ロールシャッハ法研究，11, 1-12．（本書 12 章）

明翫光宜・吉橋由香・杉山登志郎（2005）自閉症研究の現状と展望．脳と精神の科学，16(1), 5-16.

中井久夫（1998）最終講義：分裂病私見．みすず書房．

隠岐忠彦（1982）自閉症の人間発達学．誠信書房．

Rapaport, D.(1946)*Diagnostic Psychological testing II*. The Year Book.

Shapiro, D.（1960）Perceptual understanding of color response. In: Rickers-Ovsiankina, C.（ed.）: *Rorschach Psychology*.（田澤安弘訳（2005）ロールシャッハ色彩論．大学教育出版，pp.1-65.）

Stott, D. H.（1960）The prediction of delin-quency from non-delinquency behavior. *British Journal of Delinquency*, 10(3), 195-210.

杉山登志郎（2002）高機能広汎性発達障害における統合失調症様状態の病理．小児の精神と神経，42(3), 201-210.

高橋雅春・北村依子（1981）ロールシャッハ診断法 II．サイエンス社．

高橋雅春・高橋依子・西尾博行（2002）ロールシャッハ形態水準表：包括システムのわが国への適用．金剛出版．

辻悟（1997）ロールシャッハ検査法：形式・構造解析にもとづく解釈の理論と実際．金子書房．

辻井正次・内田裕之（1999）高機能広汎性発達障害のロールシャッハ反応（1）：量的分析を中心に．ロールシャッハ法研究，3, 12-23.

高機能広汎性発達障害と統合失調症における ロールシャッハ反応の特徴（2）

反応様式の質的検討

Ⅰ．はじめに

　近年，自閉症の生物学的研究や精神病理学的研究，心理学的研究が活発に行われ，大きな飛躍を遂げている。自閉症研究の進歩に従い，自閉症概念も拡大してきた（自閉症スペクトラム）。それに伴い，知的障害を伴わない自閉症群である高機能広汎性発達障害(High-Functioning Pervasive Developmental Disorder，以下 HFPDD とする) と他の精神疾患の病態との合併，あるいは誤診が問題となった（明翫・吉橋・杉山，2005）。HFPDD 者は，一般的に知能が高いにもかかわらず，独自の自我の脆弱性を抱えているため，混乱や不安が生じると身体化や精神症状を示しやすい。特に迫害的な体験（いじめなどの周囲からの不適切な対応）を積み重ねた HFPDD 青年の場合，関係念慮や妄想・幻覚などの一過性の精神病状態に陥ることも稀ではない。このような状態に対して発達障害の存在に気づかずに成人の疾病概念に当てはめて診断を行えば，多くの誤診例が生じることになる。この問題で特に注意を要するのは，未診断・未治療の HFPDD 青年が実際に失調症型パーソナリティ障害や統合失調症と診断され，治療を受けている場合があることである（杉山，2002）。そこで精神科医療でよく用いられる心理検査であるロールシャッハ・テストにおいて HFPDD の特徴に関する資料を提供することが重要となっている。

　しかし，HFPDD 者にロールシャッハ・テストを行う際に，形態水準や修正BRS など数量的結果のみを根拠に解釈を行うと，HFPDD 者は精神病圏と弁別できない恐れがある（辻井・内田，1999）。そこで，筆者らは，HFPDD 群の形態水準の低さの背景に「初期集約的把握型以前の把握様式」（辻，1997）に代表される把握の未熟さや「彼ら独自の反応様式」があることを示唆した（辻井・内田，1999；内田・辻井，2002，2004；辻井・内田・原，2003；

※本論文は辻井正次（中京大学現代社会学部）との共著論文です。

明翫・内田・辻井，2005）。その際に有効なアプローチとして，反応の成り立ち（反応産出過程）を丁寧に検討する形式性の分析があることも示した。形式性の分析は，整理法として植元（1974）の思考言語カテゴリー，分析における考え方として辻（1997）の形式構造解析がある。

　本研究では，明翫・内田・辻井（2005）の続報として HFPDD 者と統合失調症患者との比較について取り上げた。数量的分析の結果は第 11 章にて示したが，今回は形式性の分析を用いて，両群のロールシャッハ反応様式を質的に検討することを目的とした。なお形式性の分析には，思考言語カテゴリーと子どものロールシャッハ反応の知見を援用した。本研究により HFPDD 者と統合失調症患者におけるロールシャッハ反応の質的側面を検討することで，HFPDD と統合失調症の心理査定ならびに臨床心理学的援助の一助としたい。

Ⅱ．方　　法

（1）対象

　HFPDD 群は児童精神科医によって高機能広汎性発達障害と診断され，1名以上の臨床心理士が診断を確認している思春期・青年期症例（17.03±3.38歳，range13-26）34 名（男子 28 名，女子 6 名）である。また HFPDD群は地域発達支援システム「NPO 法人アスペ・エルデの会」に所属している。知能検査（WISC-Ⅲ，WAIS-R）での全 IQ の平均値は 93.65±14.40（range70-120）である。比較群の統合失調症群（以下 S 群とする）は，精神科医によって統合失調症の診断をうけた症例（22.46±3.87 歳，range14-29）39 名（男性 22 名，女性 17 名）である。

（2）材料

ロールシャッハ標準図版 1 式。

（3）手続き

　HFPDD 群の検査の実施は，「NPO 法人アスペ・エルデの会」における発達支援プログラムの基礎研究の一環として行い，研究の趣旨について本人と保護者に説明して，同意の得られた HFPDD 青年を対象とした。S 群のロールシャッハ・プロトコルは，研究協力者から提供を受けた。検査実施期間は2003 年 8 月から 2005 年 10 月である。反応の記号化は，筆者らを含めた臨

床心理士が独立に包括システムに準拠して整理した。さらに付加的に思考言語カテゴリーにおける整理も行った。記号化に不一致が生じた反応に関しては筆者らが合議で決定した。本研究と関連が深い指標（総反応数，領域，形態水準）については表 12-1 に提示した[注1]。

III．結　果

（1）把握型について

まず，主なロールシャッハ変数について表 12-1 に示した。

領域では，Wは，HFPDD 群がW = 9.82，S 群がW = 13.00 であり，S 群

表 12-1　HFPDD 群，S 群における主なロールシャッハ変数の平均値

	HFPDD 群 N = 22			S 群 N = 27			U-test
	平均	SD	Me	平均	SD	Me	
R	26.41	9.25	24.0	22.22	6.42	20.0	n.s.
W	9.82	6.84	8.0	13.00	5.48	12.0	172.0 *
D	11.68	8.36	10.0	6.37	4.32	6.0	167.5 **
Dd	4.91	2.76	5.0	2.85	2.68	2.0	163.5 **
S	2.14	1.83	2.0	2.22	1.83	2.0	n.s.
DQ+	3.23	3.85	2.0	4.52	3.54	4.0	n.s.
DQo	18.68	6.99	18.0	14.85	6.93	13.0	185.5 *
DQv/+	0.27	0.88	0.0	0.44	1.09	0.0	n.s.
DQv	4.32	3.06	4.0	2.41	2.00	2.0	186.0 *
X+%	0.42	0.15	0.4	0.44	0.12	0.4	n.s.
XA%	0.72	0.12	0.7	0.65	0.11	0.7	n.s.
WDA%	0.75	0.15	0.8	0.70	0.12	0.7	193.5 *
X-%	0.28	0.12	0.3	0.33	0.11	0.3	n.s.
Xu%	0.30	0.10	0.3	0.21	0.09	0.2	159.0 **
S-%	0.14	0.23	0.0	0.17	0.18	0.1	n.s.

* p<.05　** p<.01

注1）表 12-1 での結果の処理にあたっては，包括システムに準拠して，反応数が 14 個未満の者は本研究の対象から除外した。その結果，HFPDD 群では 12 名（男子 10 名，女子 2 名），S 群では 12 名（男子 8 名，女子 4 名）が除外となった。

が有意に高かった（U = 172.0, p < .05）。D は, HFPDD 群が D = 11.68,
S 群が D = 6.37 であり, HFPDD 群が有意に高かった（U = 167.5, P <
.01）。Dd は, HFPDD 群が Dd = 4.91, S 群が Dd = 2.85 で HFPDD 群
が有意に高かった（U = 163.5, p < .01。空白反応（S）は両群に有意差は
認められなかった。

　発達水準では, DQ+ は両群に有意差は認められなかった。DQo は, HFPDD
群が DQo = 18.68, S 群が DQo = 14.85 であり, HFPDD 群が有意に高か
った（U = 185.5, P < .05）。DQv/+ は両群に有意差は認められなかった。
DQv は, HFPDD 群が DQv = 4.32, S 群が DQv = 2.41 であり, HFPDD
群が有意に高かった（U = 186.0, P<.05）。

　形態水準では, X+%, XA%, X-% について両群に有意差は認められなか
った。しかし, WDA%, Xu% について, HFPDD 群は WDA% = 0.75, Xu
% = 0.30, S 群は WDA% = 0.70, Xu% = 0.21 であり, いずれも HFPDD
群が有意に高かった（U = 193.5, p < .05 ; U = 159.0, p < .01）。

　次に, Meili-Dworetzki（1956）や Fox（1956）によって示された子ど
もの把握型のスコア数と人数の出現度数を表 12-2 に示した。

　①に示す Syncretic とは「濃淡と空白に基づいた曖昧な全体反応」や「ブ
ロットの輪郭を用いるが非常に単純で図式的な全体反応」のような大まかな
把握である（Meili-Dworetzki, 1956）。Syncretic は, HFPDD 群が 34 名
中 12 名（35.3%）, S 群が 39 名中 3 名（7.7%）該当し, HFP s DD 群が
有意に多かった（x^2 = 8.47, p<.01）。

表 12-2　HFPDD 群, S 群における把握型のスコア数と出現度数

	把握型	HFPDD 群　N = 34		S 群　N = 39		x^2-test
		個数	人数（%）	個数	人数（%）	
①	Syncretic	17	12（35.3）	5	3（7.7）	8.47 **
②	DW	3	2（5.9）	9	9（23.1）	4.20 *
③	D'W	2	2（4.9）	0	0（0）	n.s.
④	D → W	42	23（67.6）	5	4（10.3）	25.67 **
⑤	Dd → D	26	14（41.2）	5	5（12.8）	7.59 **
⑥	The confabulatory combination	21	13（38.2）	50	24（61.5）	3.94 *

＊ : p<.05　＊＊ : p<.01

　②から⑤の DW，D'W，D→W，Dd→D は，発達段階的に①に後続する部分決まりの反応であり，「被検者に蓄積された記憶像と図版図形との識別的な外輪郭形態による部分的一致」の段階（辻，1997）にあたる。②の DW は，HFPDD 群が 34 名中 2 名（5.9%），S 群が 39 名中 9 名（23.1%）該当し，S 群が有意に多かった（x^2 = 4.20, p<.05）。③の D'W は，両群に有意差は認められなかった。④D→W，⑤Dd→D は，HFPDD 群で 34 名中 23 名（67.6%），14 名（41.2%），S 群で 39 名中 4 名（10.3%），5 名（12.8%）であり，いずれも HFPDD 群が有意に多かった（x^2 = 25.67;x^2 = 7.59, いずれも p<.01）。部分決まりの反応では，HFPDD 群は D→W，Dd→D に，S 群は形態水準が問題視される DW に多く該当した。この結果は，両群の鑑別に DW と D→W の異同が重要であることを示している。

　⑥に示す The confabulatory combination は，細部の認知はよくできているが，それらをまとめて 1 つの概念に構成することに失敗している反応である（Fox, 1956）。The confabulatory combination は，HFPDD 群が 34 名中 13 名（38.2%），S 群が 39 名中 24 名（61.5%）該当し，S 群が有意に多かった（x^2 = 3.94, p<.05）。ここで筆者らは，HFPDD 群と S 群の The confabulatory combination の質的側面に注目した。それは，両群が不適切な結合という点で共通しているが，反応が成立する条件に違いがある点である。具体的には，Rapaport の距離の概念（Rapaport, 1946；空井，1991；溝渕, 1997）を援用して以下のように The confabulatory combination の細分化を試みた（表 12-3）。

　表 12-3 で, The confabulatory combination を作話的結合反応と作話反

表 12-3　不適切な結合の分類

作話的結合反応	作話反応
個々の部分反応は良好な形態水準にあるが，個々のブロットの位置関係をあまりに動かしがたい現実とみなして結合させている反応である（空井，1991；溝渕，1997）。この反応は，被検者が自由な連想を働かせてインクブロットから距離をとることに関して完全に失敗している（距離の喪失）。極端な作話的結合反応の場合は，作話反応に該当する。	「距離の喪失」と「距離の増大」の両方を同時に含む逸脱言語表現の総称である。つまり，反応形成において，作話反応はブロットの位置関係や部分的印象に引き付けられ（距離の喪失），それらを知覚したのち（適切な距離），ブロットという現実を無視し，そこから完全に遊離して，反応全体が被検者の主観的世界に埋没する（距離の増大）というすべての段階を順番に経る反応である（溝渕，1997）。

応に分類し，両群を比較した（表 12-4）。その結果，作話的結合反応は両群に有意差は認められなかったが，作話反応は HFPDD 群が 34 名中 1 名（2.9%），S 群が 39 名中 14 名（35.9%）該当し，S 群が有意に多かった（x^2 = 12.08，p<.01）。

（2）思考言語カテゴリーにおける両群の特徴

HFPDD 群，S 群における思考言語カテゴリーのスコア数と人数の出現頻度を表に示した。

萎縮的な態度を示す CONSTRICTIVE ATTITUDE では，両群ともに該当者が 30% を超えており，萎縮的なプロトコルが多い。小スコアでは，card description（IV図版「洋服のしみ」）において HFPDD 群では 34 名中 1 名（2.9%），S 群では 39 名中 7 名（18.0%）が該当し，S 群が有意に多かった（x^2 = 4.19，p < .05）。

象徴的反応や表面的な反応のスコア群である ABSTRACTION AND CARD IMPRESSION では，HFPDD 群が 34 名中 5 名（14.7%），S 群が 39 名中 16 名（41%）該当し，S 群が有意に多かった（x^2 = 6.14，p < .01）。小スコアでは，impressionistic response（具体的な知覚像がなく「何か暗いイメージ」）において，HFPDD 群が 34 名中 0 名（0%），S 群が 39 名中 8 名（20.5%）該当し，S 群が有意に多かった（x^2 = 7.83，p<.01）。S 群は symbolic response にあたる反応が多かったが，自閉的な象徴反応と判断されるものが多く，AUTISTIC THINKING の autistic logic に該当した。

対人緊張とそれに基づく防衛的態度を表す DEFENSIVE ATTITUDE では，大カテゴリーについて両群に有意差が認められなかった。小スコアでは，secondary addition（質疑段階で周囲のブロットを統合してW反応となるもの）において HFPDD 群が 34 名中 6 名（17.6%），S 群が 39 名中 1 名（2.6%）該当し，HFPDD 群が有意に多かった（x^2 = 4.77，p<.05）。S 群

表 12-4　HFPDD 群，S 群にみられる不適切な結合の比較

不適切な結合		HFPDD 群　N = 34		S 群　　N = 39		x^2-test
		個数	人数（%）	個数	人数（%）	
①	作話的結合反応	19	12(35.3)	21	17(43.6)	n.s.
⑥	作話反応	2	1(2.9)	29	14(35.9)	12.08 **

＊：p<.05　＊＊：p<.01

は secondary addition と類似した現象が多かったが，反応概念の統合性に問題がみられ，ARBITRARY THINKING の arbitrary linkage に該当した。

　正確性や完全性への要求の強さを示す OBSESSIVE AND CIRCUMSTANTIAL RESPONSE では，HFPDD 群が 34 名中 21 名（61.8%），S 群が 39 名中 10 名（25.6%）該当し，HFPDD 群が有意に多かった（$x^2 = 9.70$，p<.01）。小スコアでは，exactness limitation（正確性を求めるがゆえにブロットを修正すること）において HFPDD 群が 34 名中 15 名（44.1%），S 群が 39 名中 3 名（7.7%）該当し，HFPDD 群が有意に多かった（$x^2 = 12.97$, p<.01）。S 群は exactness limitation と類似した現象が多かったが，ブロットの修正の際に恣意性が強く加わっており，ARBITRARY THINKING の arbitrary response に該当した。

　ブロットの性質を基にして反応内容の種類・性質・感情的調子を限定付ける FABULIZATION RESPONSE では，大カテゴリー，小スコアともに両群に有意差は認められなかった。

　1 つの反応を決定するための連想過程を維持することの困難さを示す ASSOCIATIVE DEBILITATION AND "LABILE BEWUSSTSEINSLAGE" では，HFPDD 群が 34 名中 12 名（35.3%），S 群が 39 名中 31 名（79.5%）該当し，S 群が有意に多かった（$x^2 = 14.65$，p < .01）。小スコアでは，fluid（質疑に押されて反応内容が変化する場合），indifferentiation of percepts（1 つの反応か 2 つの反応か判断ができない反応。Ⅳ図版「カエル，何かが生まれてくる瞬間」），apathy in decision（2 つの反応のうち，どちらにするか決められない場合），impotence（「意味がわかりません」などの無力感の言明）において，いずれも S 群が有意に多かった。

　反応の反復を示す REPETITION では，大カテゴリーについて両群に有意差は認められなかった。小スコアでは repetition tendency（反復傾向）において HFPDD 群が 34 名中 3 名（8.8%），S 群が 39 名中 13 名（33.3%）該当し，S 群が有意に多かった（$x^2 = 6.38$，p <.05）。

　恣意的な思考を示す ARBITRARY THINKING では，大カテゴリーについて両群に有意差は認められなかった。小スコアでは，overdue relationship verbalization（Ⅲ図版「人が何かもとうとしている」。何かを明らかにしないまま反応する），arbitrary response（恣意的にブロットを切断・付加するもの），arbitrary linkage（自由反応段階で隣接のブロットを結合するが，この結合には必然性が乏しい反応）において，いずれも S 群が有意に多かった。

　慢性化した統合失調症群にみられるとされる AUTISTIC THINKING で

は，HFPDD 群が 34 名中 13 名（38.2％），S 群が 39 名中 31 名（79.5％）該当し，S 群が有意に多かった（$x^2 = 12.91$，P < .01）。小スコアでは，contradiction（論理的な矛盾。II 図版「赤（D2, D3）の中に暗闇がある」），deterioration color（IX 図版「（それぞれのブロットを指して）変な血」），autistic logic（III 図版「そこにリボン（D3）があるから女の子」），confabulation（DW），blot relation（IX 図版「何かわからないけど，中心でその周りをぐるぐる回っている」）において，いずれも S 群が有意に多かった。

　個人的体験を反応の説明に利用する PERSONAL RESPONSE AND EGO-BOUNDARY DISTURBANCE では，大カテゴリーにおいて両群に有意差は認められなかった。小スコアでは，utilization for illustration において，RFPDD 群が 34 名中 11 名（32.4％），S 群が 39 名中 5 名（12.8％）該当し，HFPDD 群が有意に多かった（$x^2 = 4.05$，p < .05）。

　言語表現の粗雑さを示す VERBAL STRANGENESS では，HFPDD 群が 34 名中 11 名（32.4％），S 群が 39 名中 22 名（56.4％）該当し，S 群が有意に多かった（$x^2 = 4.24$，p < .05）。小スコアでは，verbal slip（言い間違い），indifference for verbalization（明らかな失文法。「弦が生えている」）において，HFPDD 群が 34 名中 5 名（14.7％），1 名（2.9％），S 群が 39 名中 15 名（38.5％），9 名（23.1％）該当し，いずれも S 群が有意に多かった（$x^2 = 5.15$, p < .05; $x^2 = 6.23$, p < .01）。

　連想過程の障害を示す ASSOCIATION LOOSENESS では，大カテゴリー，小スコアともに両群に有意差は認められなかった。しかし，小スコアを検討すると，HFPDD 群は連想弛緩（loose association），観念奔逸（flight of idea），支離滅裂（incoherence）など極端な連想弛緩を示すスコアに該当していないが，S 群では loose association（1 名），flight of idea（2 名），incoherence（1 名）に該当する者が認められた。

　検査状況での不適切な行動を示す INAPPROPRIATE BEHAVIOR では，HFPDD 群が 34 名中 27 名（79.4％），S 群が 39 名中 9 名（23.08％）該当し，HFPDD 群が有意に多かった（$x^2 = 23.06$，p < .01）。この結果は，HFPDD 群の社会性の問題が検査状況において観察されたものである。

表 12-5　HFPDD 群，S 群における思考言語カテゴリーのスコア数と出現度数（人数）

	HFPDD 群　N = 34		S 群　N = 39		x^2 test
	個数	人数（%）	個数	人数（%）	
CONSTRICTIVE ATTITUDE	37	11(32.4)	67	20(51.3)	n.s.
1 rejection	18	3(8.8)	28	8(20.5)	n.s.
2 card description	1	1(2.9)	8	7(18.0)	4.19*
3 symmetry remark	4	1(2.9)	2	1(2.6)	n.s.
4 (symmetry remark)	6	4(11.8)	7	6(15.4)	n.s.
5 color description	3	3(8.8)	12	8(20.5)	n.s.
6 contrast remark	1	1(2.9)	1	1(2.6)	n.s.
7 color naming	1	1(2.9)	5	4(10.3)	n.s.
8 encouraged response	6	5(14.7)	2	2(5.1)	n.s.
9 oligophrenic detail response	1	1(2.9)	0	0(0)	n.s.
ABSTRACTION AND CARD IMPRESSION	10	5(14.7)	25	16(41.0)	6.14**
10 direct affective response	0	0(0)	7	4(10.3)	n.s.
11 impressionistic response	0	0(0)	9	8(20.5)	7.83**
12 symbolic response	8	4(11.8)	3	2(5.1)	n.s.
13 kinetische Deskription	0	0(0)	5	4(10.3)	n.s.
14 Synathesie	0	0(0)	0	0(0)	n.s.
DEFENSIVE ATTITUDE	192	26(76.5)	116	34(87.2)	n.s.
15 question sentence	7	6(17.6)	25	12(30.8)	n.s.
16 negative sentence	0	0(0)	1	1(2.6)	n.s.
17 apology (self critic)	45	12(35.3)	23	11(28.2)	n.s.
18 apology (object critic)	61	14(41.2)	17	10(25.6)	n.s.
19 question for instruction	25	10(29.4)	15	12(30.8)	n.s.
20 additional response	22	11(32.4)	8	7(18.0)	n.s.
21 provoked response	1	1(2.9)	0	0(0)	n.s.
22 modified response	19	8(23.5)	6	4(10.3)	n.s.
23 changed response	1	1(2.9)	6	5(12.8)	n.s.
24 demur	3	3(8.8)	6	3(7.7)	n.s.
25 denial	3	2(5.9)	8	5(12.8)	n.s.
26 secondary addition	6	6(17.6)	1	1(2.6)	4.77*

表 12-5　HFPDD 群，S 群における思考言語カテゴリーのスコア数と出現度数（人数）
つづき

	HFPDD 群　N = 34		S 群　N = 39		x^2 test
	個数	人数（%）	個数	人数（%）	
OBSESSIVE AND CIRCUMSTANTIAL RESPONSE	58	21(61.8)	16	10(25.6)	9.70**
27 exactness limitation	32	15(44.1)	4	3(7.7)	12.97**
28 completeness compulsion	0	0(0)	0	0(0)	n.s.
29 hesitation in decision	1	1(2.9)	0	0(0)	n.s.
30 detail description	24	10(29.4)	12	8(20.51)	n.s.
31 obsessive discrimination	0	0(0)	0	0(0)	n.s.
FABULIZATION RESPONSE	198	31(91.2)	254	35(89.7)	n.s.
32 affective elaboration	16	7(20.6)	7	5(12.8)	n.s.
33 definiteness	135	30(88.2)	180	35(89.7)	n.s.
34 affective ambivalency	5	1(2.9)	4	3(7.7)	n.s.
35 content-symbol combination	1	1(2.9)	3	3(7.7)	n.s.
36 over definiteness	24	11(32.4)	46	15(38.5)	n.s.
37 over elaboration	14	7(20.6)	9	6(15.4)	n.s.
38 over specification tendency	5	3(8.8)	9	5(12.8)	n.s.
ASSOCIATIVE DEBILITATION AND "LABILE BEWUSSTSEINSLAGE"	35	12(35.3)	115	31(79.5)	14.65**
39 incapacity of explanation	20	8(23.5)	23	10(25.6)	n.s.
40 apathy in decision	1	1(2.9)	14	9(23.1)	6.23**
41 perplexity	1	1(2.9)	8	3(7.7)	n.s.
42 impotence	8	5(14.7)	21	15(38.5)	5.15*
43 vagueness	0	0(0)	4	4(10.3)	n.s.
44 fluid	0	0(0)	8	7(18.0)	6.74**
45 forgotten	5	5(14.7)	7	7(18.0)	n.s.
46 indifferentiation of percepts	0	0(0)	30	17(43.6)	19.32**
47 loose combination	1	1(2.9)	0	0(0)	n.s.
REPETITION	19	10(29.4)	32	18(46.2)	n.s.
48 repetition tendency	5	3(8.8)	27	13(33.3)	6.38*

表 12-5　HFPDD 群，S 群における思考言語カテゴリーのスコア数と出現度数（人数）
つづき

	HFPDD 群　N = 34		S 群　N = 39		x^2 test
	個数	人数（%）	個数	人数（%）	
49 preoccupation	8	5(14.7)	3	3(7.7)	n.s.
50 perseveration	1	1(2.9)	1	1(2.6)	n.s.
51 automatic phrases	4	4(11.8)	1	1(2.6)	n.s.
ARBITRARY THINKING	52	19(55.9)	104	25(86.2)	n.s.
52 preoccupied response attitude	1	1(2.9)	1	1(2.6)	n.s.
53 arbitrary combination	13	9(26.5)	21	13(38.5)	n.s.
54 rationalization	17	8(23.5)	5	3(10.3)	n.s.
55 arbitrary discrimination	1	1(2.9)	4	3(10.3)	n.s.
56 figure background fusion	1	1(2.9)	0	0(0)	n.s.
57 projection of color	0	0(0)	3	3(7.7)	n.s.
58 overdue relationship verbalization	1	1(2.9)	10	8(20.5)	5.18 *
59 over specification	7	5(14.7)	4	4(10.3)	n.s.
60 arbitrary response	10	5(14.7)	37	20(51.3)	10.79 **
61 arbitrary linkage	0	0(0)	16	8(20.5)	7.83 **
62 arbitrary belief	0	0(0)	3	2(5.1)	n.s.
AUTISTIC THINKING	24	13(38.2)	135	31(79.5)	12.91 **
63 viewpoint fusion	0	0(0)	5	4(10.3)	n.s.
64 content-symbol fusion	0	0(0)	1	1(2.6)	n.s.
65 fabulized combination tendency	4	3(8.8)	14	10(25.6)	n.s.
66 fabulized combination	18	10(29.4)	38	20(51.3)	n.s.
67 confabulation	3	2(5.9)	10	9(23.1)	4.20 *
68 contamination tendency	0	0(0)	0	0(0)	n.s.
69 contamination	0	0(0)	2	2(5.1)	n.s.
70 contradiction	0	0(0)	20	11(28.2)	11.29 **
71 deterioration color	0	0(0)	6	6(15.4)	5.70 *
72 autistic logic	0	0(0)	28	14(35.9)	15.10 **
73 transformation	0	0(0)	0	0(0)	n.s.
74 blot relation	0	0(0)	11	5(12.82)	4.67 *

表 12-5　HFPDD 群，S 群における思考言語カテゴリーのスコア数と出現度数（人数）
　　　　つづき

	HFPDD 群　N = 34		S 群　N = 39		x^2 test
	個数	人数（%）	個数	人数（%）	
PERSONAL RESPONSE AND EGO-BOUNDARY DISTURBANCE	43	14(41.2)	39	19(48.7)	n.s.
75 personal experience	20	10(28.6)	20	11(28.2)	n.s.
76 utilization for illustration	19	11(32.4)	6	5(12.8)	4.05 *
77 personal belief	2	1(2.9)	4	3(7.7)	n.s.
78 delusional belief	2	1(2.9)	9	6(15.4)	n.s.
VERBAL STRANGENESS	17	11(32.4)	52	22(56.4)	4.24 *
79 verbal slip	6	5(14.7)	22	15(38.5)	5.15 *
80 amnestic word finding	1	1(2.9)	7	5(12.8)	n.s.
81 indifference for verbalization	1	1(2.9)	13	9(23.1)	6.23 **
82 peculiar verbalization	7	4(11.8)	6	4(10.3)	n.s.
83 neologism	2	2(5.9)	4	2(5.1)	n.s.
ASSOCIATION LOOSENESS	16	7(20.6)	12	7(17.95)	n.s.
84 irrelevant association	16	7(20.6)	6	5(12.82)	n.s.
85 flight of idea	0	0(0)	2	2(5.13)	n.s.
86 loose association	0	0(0)	2	1(2.56)	n.s.
87 incoherence	0	0(0)	1	1(2.56)	n.s.
INAPPROPRIATE BEHAVIOR	153	27(79.4)	26	9(23.08)	23.06 **

* : p<.05　** : p<.01

IV. 考　　察

（1）把握型における HFPDD 群と S 群の特徴

　表 12-1 より，領域では，HFPDD 群はDと Dd が高く，S 群はWが高かった。発達水準では，HFPDD 群は DQo と DQv が高かった。

　これらの結果から，HFPDD 群はブロット全体ではなく，DやDdの領域を多く用いると言える。さらに，彼らの情報処理の質は，DQo，DQv が示すように，ブロットを統合するのではなくブロットを何か1つのかたまりや具体的な物として捉えやすいといえる。一方，S群はHFPDD群と比較して

ブロットを統合する志向が強いといえる。

　形態水準では，有意差の示された変数は WDA%，Xu%，FQu であり，いずれも HFPDD 群が高かった。また X+%，XA%，X-%，S-% においては両群に有意差は認められなかった。このように両群ともに形態水準が低い点で共通しているため，HFPDD 群と S 群の比較には，反応様式の質的側面に注目することが必要である。以下，両群の反応様式の質的側面について詳述する。

　表 12-2 より，両群ともに未熟な把握型が多い点で共通している。ここで，Rapaport の Deviant verbalization の距離の観点から検討すると，HFPDD 群と S 群ともにブロットの位置関係や部分印象に引き付けられて，統合に失敗している点（距離の喪失）では共通している。しかし，S 群はさらに距離の喪失を経て過剰な作話や主観的修飾が展開する段階（距離の増大）に至る反応が多い点で HFPDD 群と異なる。ここから，HFPDD 群は状況の細部に強く引き付けられ，全体という状況や文脈の中での理解が難しいことが推測される。一方，S 群は状況の細部に強く引き付けられ統合ができない点に加えて，その状況を自己の主観によって解釈，あるいは変形するために，さらに統合を悪くしてしまうこと（村上，1979）が推測される。このように両群の認知構造や思考過程の違いが，把握型とブロットとの距離の検討から理解できる。

（2）思考言語カテゴリーにおける HFPDD 群と S 群の特徴

　ブロットとの適合性に関して，両群ともに図版からの距離が喪失するあまり図版の描写にとどまる叙述反応が多く，CONSTRICTIVE ATTITUDE が該当しやすい点で共通している。しかし，ASSOCIATIVE DEBILITATION から，S 群に反応の曖昧さや浮動性など知覚像の保持の問題が示唆されたが，HFPDD 群はそのような反応レベルの問題はみられなかった。さらに AUTISTIC THINKING から，S 群は概念や視点の融合が生じたり，内的な感覚や外界からの印象が図版から遊離する現象が起きている。この現象から，S 群は心の自由度が非常に低く，内界や外界に発生する刺激になすことなく振り回されている状態（中井，1998）にあると推測できる。一方，HFPDD 群は，印象反応や象徴的反応のスコア群が少ないことから，むしろ具象的な反応を産出しやすく，この点でも統合失調症と反応レベルが異なる。これらの反応レベルの違いは，HFPDD 群が，S 群のように感覚的イメージが意識の中心を占拠し，抽象概念に取って代わる（Arieti，1974）のではなく，認

知対象そのものに意識の中心が占拠される（杉山, 1994）という認知構造の違いから生じると考えられる。また反応の結合では, overdue relationship verbalization, blot relation など具体的な知覚が伴わないままブロットを結合する現象が S 群にみられた。この現象は, 物事の非本質的なものを排除し, 本質的なものを抽出することができず, 周囲のものを結び付ける過剰包摂（Arieti, 1974）という統合失調症の認知のあり方が反映されたものと考えられる。

　論理形成やコミュニケーションスタイルでは, 両群ともにブロットの適合に問題があるため, 質疑段階でブロットの根拠を押さえる作業に困惑したり, 無力感を抱きやすい（incapacity of explanation, impotence）。HFPDD 群と S 群の相違点は, HFPDD 群はよりブロットを根拠にして反応の正確性や正当性を主張する場合が多いが（exactness limitation, utilization for illustration）, S 群は自己の主観的世界と関係付けて説明するために, 自閉的・非合理的な説明となる場合が多い（contradiction, autistic logic）。

（3）両群の反応様式に反映される適応の違い

　HFPDD 群のロールシャッハ反応の特徴から, HFPDD 群は「部分認知への強い志向性と主体とブロットとの間の距離の喪失」があることがわかった。この反応様式は, 自閉症者が狭くて深い認知構造を有するため日常生活では誤学習が起きやすいという臨床像と重なる（杉山, 2005）。自閉症の臨床において, 治療者は自閉症者の認知の穴の修正が求められる。

　S 群のロールシャッハ反応から, S 群の自我は容易に外界の刺激に圧倒されたり, 刺激によって賦活された内面に翻弄されやすいことがわかった。また S 群の萎縮的な反応様式は, 外界を狭める防衛スタイルとしても理解できる。したがって, 統合失調症の臨床では, このような統合失調症患者の非常に敏感な内的世界と防衛スタイルの理解が必要である。

　本研究で, HFPDD 群と S 群のロールシャッハ反応は, 形態水準が低い反応が多い点で共通しているが, 反応の成り立ちを丁寧に検討すると, 両群の情報処理のあり方や内面で起きているプロセスが明確に異なることが示された。これは両群の臨床心理学的援助の方向性が異なることを示しており, ロールシャッハ反応の質的側面に注目することが重要であると思われる。

　　文　　　献

Arieti, S.（1974）*Interpretation of Schizophrenia, Second Edition.* Basic Books.（殿村忠

彦・笠原嘉監訳（1995）精神分裂病の解釈 I, II. みすず書房.）

Fox, J. (1956) The psychological significance of age patterns in the Rorschach records of children. In: Klopfer, B. (ed.): *Developmentsin the Rorschach Technique Vol. II: Field of Application.* Harcourt, Brace & World, pp.88-103.

Meili-Dworetzki, G. (1956) The development of perception in the Rorschach. In: Klopfer, B.(ed.): *Developments in the Rorschach Technique Vol.II: Field of Application.* Harcourt, Brace & World, pp. 105-176.

村上仁（1979）異常心理学. 岩波書店.

明翫光宜（2008）高機能広汎性発達障害と統合失調症におけるロールシャッハ反応の特徴：数量的分析. 包括システムによる日本ロールシャッハ学会, 12(1), 39-49.

明翫光宜・吉橋由香・杉山登志郎（2005）自閉症研究の現状と展望. 脳と精神の科学, 16(1), 5-16.

明翫光宜・内田裕之・辻井正次（2005）高機能広汎性発達障害のロールシャッハ反応 (2)：反応様式の質的検討. ロールシャッハ法研究, 9, 1-13.

溝渕啓修（1997）ロールシャッハ・テストの逸脱言語表現について. 中京大学文学部紀要, 32, 13-22.

中井久夫（1998）最終講義：分裂病私見. みすず書房.

Rapaport, D.（1946）*Diagnostic Psychological Testing II.* Year Book.

空井健三（1991）Deviant Verbalization について：距離による考察. In：臨床心理学の発想：アセスメントの効用から諸領域へ. 誠信書房, pp.67-81.

杉山登志郎（1994）自閉症にみられる特異な記憶想起現象：自閉症のタイムスリップ現象. 精神神経学雑誌, 96(4), 281-297.

杉山登志郎（2002）高機能広汎性発達障害における統合失調症様状態の病理. 小児の精神と神経, 42(3), 201-210.

杉山登志郎（2005）自閉症臨床から. 小児の精神と神経, 45(4), 313-321.

辻悟（1997）ロールシャッハ検査法：形式・構造解析に基づく解釈の理論と実際. 金子書房.

辻井正次・内田裕之（1999）高機能広汎性発達障害のロールシャッハ反応 (1)：量的分析を中心に. ロールシャッハ法研究, 3, 12-23.

辻井正次・内田裕之・原幸一（2003）高機能広汎性発達障害のロールシャッハ反応の発達臨床心理学的分析：図版の刺激特性への反応の分析. 厚生労働科学研究費補助金こころの健康科学研究事業, 高機能広汎性発達障害の社会的不適応とその対応に関する研究, 平成 14 年度研究報告書. pp.32-44.

内田裕之・辻井正次（2002）高機能広汎性発達障害のロールシャッハ反応内容 (1)：I 図版の特性との関連. 中京大学社会学部紀要, 17(1), 95-111.

内田裕之・辻井正次（2004）高機能広汎姓発達障害のロールシャッハ反応内容 (2)：無彩色図版の特性との関連. 中京大学社会学部紀要, 18(1), 157-179.

植元行男（1974）ロールシャッハ・テストを媒介として，思考，言語表現，反応態度をとらえる分析枠の考察とその精神病理研究上の意義. ロールシャッハ研究, 15・16, 281-343.

第 13 章

Basic Rorschach Score における
パーソナリティ理論

I. はじめに

　Buhler ら（1949）は，BRS（Basic Rorschach Score）の背景に人格統合水準（personality integration levels）というパーソナリティ理論を用いている。

　しかし，わが国でのロールシャッハ法のテキストや研究資料においてBuhler ら（1949）の人格統合の理論については詳しく触れられていないため，多くの検査者はこのパーソナリティ理論を解釈に活用することができないという問題があった。本論では，Buhler ら（1949）の人格統合水準について紹介し，ロールシャッハ解釈への活用の視点についても考察したい。

II. Basic Rorschach Score の人格統合水準

　Buhler（1950）によれば，この人格統合理論の着想として French（1941）から示唆を受けている。French（1941）の主要な概念は，認知的場（cognitive field），統合能力（integrative capacity），統合的課題（integrative task），そして実行課題（executive task）である。統合能力とは副次的目標や抵抗からの緊張感（これらは統合課題という）を低減する能力である。統合能力が統合課題に対して十分に対処できないときに，非統合（disintegration）が起きるとされる（French, 1941）。また競合する目標間に葛藤があったり，克服できない困難があるときは，結果的に方向性が混乱し，最終目標はその支配性を失い，副次的目標がそれ自体最終目標となる。このときにエネルギーの置き換えや外的現実を無視するといったことが生じる。非統合は主に実行機能のプロセスを巻き込む可能性があり，強い情動は目標のある活動にエネルギーを注ぐ能力を蝕む傾向がある。その結果，人間の活動は拡散されて

いく（Buhler, 1950）。

Buhler（1950）は，上記の French の概念とロールシャッハ変数とがよ
く一致することを以下のように示している。

（1）動因（drives），欲求（needs），緊張（tensions）は目標充足的な力
　　ではなく，統合的行動を必要とする。
（2）目標充足的な行動は本来以下のことを前提にする。①システムの全
　　体的な緊張は統合能力を上回ることはない。②競合的，反対方向の目標，
　　あるいは副次的目標は主要な目標に取って代わることはない。③強い情
　　動は行動の実行機能のまとまりを蝕むことはない。④本来の動因を融合
　　した願望充足の空想や信頼が存在する。

Buhler（1950）は，ロールシャッハ・テストは被検者の統合能力を査定
する統合課題であると考え，BRS 研究から以下に紹介するような統合－非統
合パターンを見出した。

Ⅲ．人格統合の各水準の心理学的意味

Buhler（1949）によると，BRS 研究から各水準におけるロールシャッ
ハ・サインの高低の特徴的なパターンが捉えられ，水準Ⅰでは人格統合に好
ましいサイン，水準Ⅱでは葛藤水準のサイン，水準Ⅲでは欠陥を示唆するサ
イン，水準Ⅳでは現実喪失を示唆するサインが群間比較において見出された
（表 13-1）。

Buhler（1949）は人格統合に関して Level Ⅰ：適応（adequacy），Level
Ⅱ：葛藤（conflict），Level Ⅲ：欠陥（defect, impairment, inadequacy），
Level Ⅳ：現実喪失（reality loss）の 4 水準を人格統合の機能と対応させて
設定した。Buhler（Buhler *et al.*, 1949; Buhler, 1949, 1950）は各人格統
合水準の反応様式およびパーソナリティについて以下のように述べている。

（1）適応水準

適応水準の人は，よく統合された動機（M>FM が良い比率），統制されか
つ良く発達した情緒（FC>CF+C，Σ C ≧ 3），適切な現実感（F％ = 20 ～
45），適切な自信と欲求充足の空想（W：M = 2:1），適切な実行機能（良い
W％），適切な緊張感（m），バランスの乱れを適切に感知する信号－コミュ

表 13-1　各人格統合水準に特徴的なロールシャッハ・サイン（Buhler et al., 1949）

	Level I	Level II	Level III	Level IV
Highest Sign	S	c	A%	W%
	Dd+S%	FM:M	FM%	W:M
	Fc	Shades%	D%	Rejection
	FC	CF+C		F-
	M	K+k		F%
	R	To:De		
	P	CR%		
	FM			
	C'			
	m			
	SC			
	FK			
	d%			
Lowest Sign	W%	F%	CF+C	SC
	FM%	SC		c
	A%			d%
	W:M			S
	Rejction			Dd+S%
	FM:M			CR%
	To:De			FK
	F-			K+k
				FC
				Fc
				Shades%
				R
				C'
				FM%
				M
				m
				FM
				P
				D%

ニケーションシステム（内的なバランスは（K+k, FK），社会的関係のバランス（Fc, c, P））を持つ（Buhler, 1950）。

　この水準では，各機能が control over（うまく管理）されていることが重要である（Buhler, 1949）。

　この水準におけるロールシャッハ・テストからみたパーソナリティ特性は以下である。

- 反応性の高さ（R）。
- 自己決定の強さ（M）。
- 葛藤水準と同程度組み込まれた緊張感（m）とほどよい強さの欲求（FM）。
- 感受性の高さ（Fc）。
- 注意・慎重さ（C'）。
- 自己知覚の高さ（FK）。
- 他者の視点に沿って考える能力の高さ（P）。
- 細部への意識の高さ（To:de）。
- 隠れた反抗性（S）。

Buhler ら（1949）は，補足的に以下の知見も提示している。

- S+Dd％が正常群において高く，臨床群において低くなっていくことから，適応水準の S の高さは隠れた抵抗や独立心の表れである。
- Fc と FC が正常群において最も高くなる決定因であった。（その他いずれの決定因よりも）感受性（FC）と統制された情緒（FC）は他の臨床群とを弁別する。

　理想的に統合された力動パターンは，自分自身の願望を焦点化し，適切に現実を認識しながら，即時的な目標と長期目標との関係をバランスのとれた形で調整する傾向にある（Buhler *et al.*, 1949）。この水準では，「欲求を遅延させることの葛藤（M：FM）」と「現実が伴った目標への努力（W：M）」の 2 つにおいて心理的問題が想定されるが，それらの問題がその人の自我組織を大きく揺るがすほどの状態ではない（Buhler, 1949）。

　筆者は，人格統合水準を BRS のみで推定するよりは，特定の反応パターンがあるためサイコグラムを参照すると良いのではないかと考えた。そこで

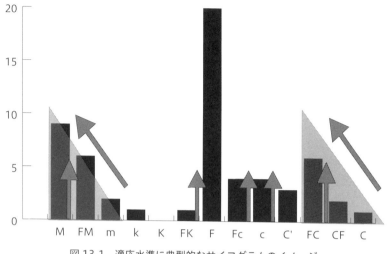

図 13-1　適応水準に典型的なサイコグラムのイメージ

各人格統合水準に典型的な反応パターンのイメージを Buhler ら（1949）の事例を参考にサイコグラムにて示してみた（図 13-1）。運動反応（M，FM，m）と色彩反応（FC，CF，C）を棒グラフで眺めると右下がりとなっていく三角形の形をとること，FK と Fc と c が適量みられること，F が適度な高さを持っていることが適応水準の典型的なパターンといえるだろう。

（2）葛藤水準

　この水準の人は，動機の葛藤（自分の欲求を延期させる能力に比較して本能的動因による欲求不満が強い状態：M<FM），実行を妨害された際に溢れ出る不安定な情緒（FC<CF+C）あるいは情緒の抑圧（CF+C の欠如，Σ C ≦ 3），現実の無視か現実の途絶（F ％ ≦ 20 か F ％ ≧ 45），高い全体的な緊張（m），不均衡な信号−コミュニケーションシステム（不釣り合いな濃淡反応，極端な（K+k）と FK，極端な（Fc，c，P））が特徴的である（Buhler, 1950）。なお例外パターンの「高い F ％」と「情緒の抑圧」は強迫心性を想定していると考えられる。

　Buhler ら（1949）は，c の高さは神経症に想定される社会的・性的な安全感の乏しさを，即時的な欲求傾向と欲求の延期傾向との間の葛藤（M：FM）に基本的な神経症的葛藤を想定している。この水準では，その葛藤はピークに達し，未解決のまま残っていると想定される。神経症的葛藤がなければ水準 I（適応）か III（欠陥）に移行する（Buhler, 1949）。この水準のパーソナ

リティは，葛藤の渦中にいるが現実への接触は失っていない点が重要である。しかし，即時的な欲求と目標を遅延させる能力との間で生じる未解決な葛藤のため，自我組織は大きく動揺した状態となっている（Buhler *et al.*, 1949）。この水準におけるロールシャッハ・テストからみたパーソナリティ特性は以下である。

・欲求不満の動因が，自己決定を曇らせている（FM > M）。
・安全感の欠如（c の高さ）。
・不安の高さ（K+k の高さ）。
・全般的な敏感さ（High Shade）。
・強く，また統制されていない情緒的応答性（CF+C の高さ）。
・現実を拒否する（Low F ％）。

　葛藤水準の典型的なサイコグラムのイメージは以下になる（図 13-2）。双方向の矢印で表現したように各運動反応と各色彩反応間の葛藤パターンに注目しておく（M<FM と FC<CF+C）。その他，不安反応となる K+k と c が高くなり，F%自体が低くなるため，サイコグラムは全体的に平坦な形になりやすいと考えられる。

（3）欠陥水準
この水準の人は，目標設定や欲求の延期させる能力および欲求不満耐性の

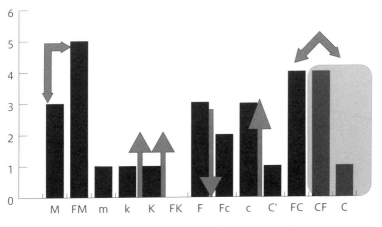

図 13-2　葛藤水準のサイコグラムのイメージ

ない極度の解放欲求（極度に高い FM，低い M，m の欠如），新しいアイデアを生み出すといった目標設定における資源の欠如（高い A%），極端な情緒の欠如か情緒の洪水（SumC の極端な低さか高さ，CF+C の欠如か極端な高さ），不適切な感受性（Fc の欠如），不適切な危険信号（K+k, FK）あるいは極度の心配や不安（極度の FK, K+k），現実の途絶傾向（F% ≧ 45）が考えられている（Buhler, 1950）。

　Buhler ら（1949）は，欠陥（defect）を心的機能の調整や人格統合を妨げている状態として用いている。欠陥は，実際にさまざまな傾向の間に大きな不釣り合い（完全にバランスの失ったシステム）がある。バランスを回復する統合要因の活性化が不十分か利用不可能であり，結果的には故障か破壊されたような欠陥的な信号－コミュニケーションシステムとなる（Buhler, 1950）。

　この水準のパーソナリティは，言葉で言い表せない脅威となる現実の困難に直面する。この水準の人は，より一層現実的な願望に焦点を当てることがあるが（W%はしばしば良い数値を示す），障害で覆われるほどの巨大な動因も持っている（Buhler, 1949）。もはやパーソナリティの統合への努力は放棄されている段階である。この水準の力動は属する臨床群（双極性障害と高次脳機能障害）によって異なるが，統計学的視点から，内省を伴わない即時的な満足を追求することで葛藤を解決しようとする精神病理的パターンである。その結果，その人は情緒的に消耗しやすく，同時に現実意識は目標を遅延させる能力ともに損なわれている。

　その他のパターンは，躁状態，抑うつ状態，高次脳機能障害においてみられる。躁状態では現実は過剰にあるいは誤って知覚され（Confabulation と F-），うつ状態ではあらゆる自発的な能力が失うほど自我が弱体化し（M 反応と W 反応の少なさ），高次脳機能障害ではさまざまなパターンで自我の統合性がすっかり損なわれている（Buhler et al., 1949）。この水準におけるロールシャッハ・テストからみたパーソナリティ特性は以下である。

　　・情緒の欠如（LowSC, CF, C）。
　　・ステレオタイプ（High A%）。
　　・常識的なものや陳腐なものへの誇張された焦点づけ（D%）。
　　・過度の欲求不満動因（FM%）。

　欠陥水準の典型的なサイコグラムのイメージは図 13-3 となる。運動反応

に着目すると，Mとmが欠如し，FM を頂点とした三角形の形態をとる。色彩反応は全般的に抑制されている。また濃淡反応も出現しにくく，Ｆの値が高くなるグラフのイメージである。サイコグラムのイメージのほかに現実喪失水準との違いに関してはＡ％とＤ％の高さにも注目する必要がある。

（4）現実喪失水準

　この水準の人は，葛藤の調整，実行機能，現実感はもはや有効に機能しない点で自我組織がひっくりかえった状態である（Buhler, 1950）。葛藤的問題も存在せず，その人の全てのエネルギーは葛藤水準以下の退行状態にある。即時的な欲求傾向と欲求を延期する能力との間の葛藤は，よりいっそう深刻な問題になっている。その問題とは，誤った知覚（F-, contamination），現実と関連がない固定化された概念（confabulation, references, excessive repetition），現実の途絶傾向（F% ≧ 45），現実の動機のバランスの失調（M, FM），適切な自信と欲求充足の空想のバランスの不調（W:M），目標のない実行機能，あるいは拡散した身体的または精神的活動（極度の W%），感受性や社会的関係を失った欠陥あるいは破壊された信号－コミュニケーションシステム（Fc, c の欠如，P ≦ 5）である。

　W反応はとても広い視点の願望を伴った実行機能の傾向を示すが，この水準のW反応は欲求（FM）と目標（M）が完全に不釣合いな形で成り立つ。こ

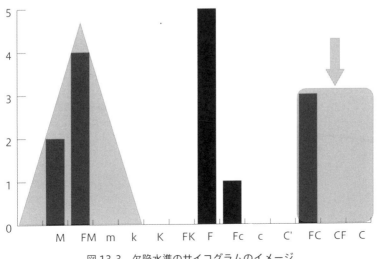

図 13-3　欠陥水準のサイコグラムのイメージ

の状態での願望は，誤った知覚（F-）や外界の世界を受け入れがたい（接近しがたい）ものと捉えている（極端なF%）ため，欲求不満状態になりやすい。現実に触れることが難しく（極端なF%），またしばしば悪く知覚する（F-）。社会的接触（Fc）や自己評価（FK）は喪失しているか，かなり低い。

　貧困化された目標,広く曖昧な願望,現実接触の喪失の間にある能力の不均衡は,この水準の人々が直面する生命（エネルギー）の問題であるとBuhlerら（1949）は指摘している。目標は実現したり競いあったりするにはあまりにも調整不可能なものとなり，目標に伴う実行機能は葛藤に飲み込まれ，現実は遠くにある（Buhler et al., 1949）。この水準におけるロールシャッハ・テストからみたパーソナリティ特性は以下である。

　　・外界を取り込めない現実意識（High F%）。
　　・現実意識の欠陥（F-）。
　　・範囲の広すぎる願望（W%）。
　　・効果的な自己決定の不在（W : M）。
　　・拒否的態度（Rej）。
　　・統制の失敗（M, FC の欠如）。
　　・適切な情緒表現の失敗（SC の欠如）。
　　・適切な自己意識の失敗（FK の欠如）。
　　・適切な不安表現の失敗（K+K の欠如）。
　　・適切な感受性の欠如（FC, Shades）。

　現実喪失水準の典型的なサイコグラムのイメージは図 13-4 となる。Fの値が極端に高く，他の決定因が欠如している状態である。サイコグラムのイメージのほかに現実喪失水準との違いに関してはW%と F- の高さにも注目する必要がある。

　以上，4つの人格統合水準について紹介したが，実際に BRS 得点と人格統合水準とが一致しない場合があると Buhler ら（1949）も述べている。ロールシャッハ法の数量的分析の基礎資料となるサマリーは，非常に多様化し，また複雑化している情報であり，そこから人格統合の臨床像を簡潔に要約するのは難しい。そこで，この知見をサイコグラムから臨床像の要約へのガイドとして活用するのも有用であろうし，この人格統合理論を独断的に用いなければ人格理解の有用な第一手段になりうると述べている。

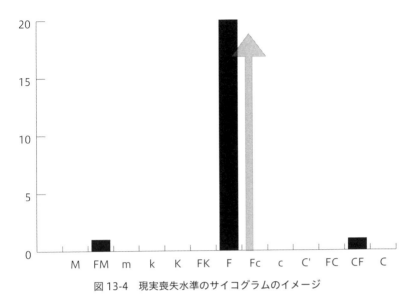

図 13-4　現実喪失水準のサイコグラムのイメージ

　筆者がこの人格統合理論を紹介したのは，以下の事情からである。片口法により修正 BRS 得点を算出できるが, 修正 BRS 得点は BRS 得点とは異なるため Buhler *et al.* (1949) の人格統合の基準をそのまま用いることができない（空井，1982；片口，1987）。しかし Buhler ら（1949）の人格統合のパーソナリティ理論から各人格統合水準におけるパーソナリティ像についてのスケッチを手に入れることができ，また BRS 得点だけでなくロールシャッハ変数の組み合わせやサイコグラムから人格統合の水準が十分推測できると考えたからである。

（5）各人格統合水準とロールシャッハ変数との関係
　Buhler ら（1949）は，各人格統合水準における決定因の変化について以下のものに注目した。いわゆる病態水準に応じてスコアの数値がどのように移り変わるかをみていくことができる。

・FM：適応水準ではM反応に比較して低いが全体的には高い値を示す。葛藤水準ではM反応に比較して高くなり，欠陥水準では最も高くなる。現実喪失水準になると相対的にも絶対的にも低い値になる。
・W：M や W%：欠陥水準以降に急上昇するが，それは大部分の病理群における「うまくいかない願望」を示す。

- 色彩反応：溢れそうなほどの情緒を示す（CF+C）の指標については，葛藤水準で最も高くなる。しかし，SumCやFCとなるとそれぞれの水準で位置づけは異なる。SumCはFCとともに適応水準では高くなる。欠陥水準ではCF+Cが低いためSumCも低くなる。現実喪失水準ではFCの低さとともにSumCが低くなる。SumCは興奮性よりは情緒を表すが，欠陥水準で最も低くなるのは自由な情緒表出が最も小さくなるうつ病などの精神病理による。現実喪失段階では統制の喪失となる（FCとMの喪失）。
- F%は，葛藤水準で最も低く，現実喪失水準で最も高くなる。F%は現実意識，あるいは現実を自分に取り込むことのできない外界への気づきである。低すぎるF％は，この現実意識の低さかあるいは現実からの衝撃を拒否することを示す。
- D%は欠陥水準で高く，現実喪失水準で強く下降するが，D%はこの水準で特に有意な変数（A%やFMの高さを伴うことが特徴）である。この高いD％は陳腐なものに焦点付けられた野心を示す。一方，現実喪失水準ではW%の高さにあるように野心が不適切なほど全てを包括する形で焦点づけられるため，他の水準と区別しうるほどD%が低くなる。

Ⅳ．まとめ：人格統合とは何か？

　人格統合とはどういう概念であろうか？　これまで紹介した4つの水準をみていくと，「人間の情緒や目標，欲求，緊張感，要求水準，繊細さなどさまざまな特性を十分に感じながら，それぞれを調整していく働き」とまとめることができる。Buhlerら（1952）は，パーソナリティ傾向や過程の統一（個人内の適応あるいはバランス）の意味で使用している。例えば崩壊したパーソナリティや統合されていないパーソナリティは，高い理想を唱えながら非道徳的なことを行ったり，一つのことをやりながら常に何か他のことを考えている人のように，その人を反対の方向に引っ張っていく相矛盾した傾向があると例示されている（Buhler *et al.*, 1952）。このような人は，生活が複雑になり，注意や興味がいくつもの方向に拡散する傾向があるため，目標を下げたり，調整することが必要になる（Buhler *et al.*, 1952）。

　ロールシャッハ研究の後，Buhlerは児童臨床や人間性心理学に向かっていき，最終的にはパーソナリティ発達理論を構築した。本論で紹介したBRSにおけるパーソナリティ理論がロールシャッハ・テストの解釈理論の一助に

なれば幸いである。

文　　献

Buhler, C., Buhler, K., & Lefever, D. W. (1949) *Development of the Basic Rorschach Score, with Manual of Directions.* Western Psychological Servies.

Buhler, C. (1949) Personality integration levels. *Rorschach Research Exchange and Journal of Projective Techniques,* 13(1), 9-24.

Buhler, C. (1950) The concept of integration and the rorschach test as a measurement of personality integration. *Journal of Projective Techniques,* 14(3), 315-319.

Buhler, C., Smitter, F., Richardson, S., & Bradshaw, F. (1952) *Childhood Problems and the Teacher.* Henry Holt and Company.（利島保編（1981）幼児・児童の発達と精神衛生．福村出版．）

French, T. M. (1941) Goal, mechanism and integrative field. *Psychosomatic Medicine,* 3(3), 226-252.

片口安史（1987）新・心理診断法．金子書房．

空井健三（1982）心理検査による精神分裂病者の研究：入退院時の修正 BRS 測定による入院治療効果の検討．ロールシャッハ研究，24, 1-12.

第14章

事例 K. H. のロールシャッハ解釈
包括システムからの理解

Ⅰ．問題と目的

　本論では，片口（1987）に収録されている事例 K. H. のロールシャッハ・プロトコルを再分析することを試みる。事例 K. H. は 1925 年に生まれ，作家として活躍し，1970 年（45 歳）に劇的な自死を遂げて世間から大きな注目を浴びた。

　事例 K. H. は，1961 年の 36 歳のときに出版社の企画により，片口自身がロールシャッハ法を実施し，解釈が公表された（片口，1966, 1987）。その後，空井（1974），井原（2015）による再解釈の試みがなされている。

　今回，筆者は日本心理臨床学会第 40 回大会自主シンポジウムの場において，共同研究者とともにこのプロトコルを検討する機会を得た。本事例を取り上げる意義として片口法以外の立場からのロールシャッハ解釈はまだ報告がないこと，最初の解釈の発表から 50 年以上経過した現代のロールシャッハ法はこの事例 K. H. のプロトコルに対して新しい視点を提供できるかという点が挙げられる。なお，第 40 回大会の自主シンポジウムで形式・構造解析の立場からの解釈はすでに服部・石橋（2021）による報告がなされている。筆者は包括システムの視点からロールシャッハスコアとその集計結果が語るK. H. の状態像をついて考察する。

Ⅱ．記号化の作業にあたって

　事例 K. H. のロールシャッハ・プロトコルはすでに片口（1966, 1987）にて公表されているため，プロトコルの掲載は割愛し，スコアの一覧表とコーディングの際に考慮した点をここでは記していく。

　さて，本プロトコルの特徴は，録音テープからの正確な再生により，詳細な言語表現がわかる点である。1961 年の実施とあり，現在からいえば約 60 年前の記録ということになる。しかし，記号化の作業を行おうとするといく

つかの困難に出会った。それはまず，ロケーションチャートの記録が不在であり，実際にどこをどのように見たのかわからない箇所があった。したがって，片口（1987）の記号化を参考にして推測せざるを得ない部分があった。また自主シンポジウムの演者であり，共同研究者の服部・石橋（2021）の指摘があるように，非常に個性的なプロトコルでもあり，反応が 1 つなのか複数なのかの判断が難しく，記号化そのものの作業が難しかった。濃淡反応などは実際の確認が必要とされるが，ここではなるべくニュアンスをくみ取った形で記号化し，解釈を行った。以上の点を踏まえながら，ここでは筆者が記号化の判断のプロセスについて述べていきたい。

Card I
①「トリが 2 羽いるようにみえます」
　おそらくトリは両側の D2 にあたると推測された。何かにつかまっているのは D4 を指すのであろう。すべての領域を使って統合しているので W+「やっぱりぼくには，小児退行的なところがありますね」は DR1 と記号化した。
　W+ FMpo（2）A, Id DR1 Z=3.5
②「くっつけるとイヌの顔，ムクイヌみたいな」
　全体の顔反応である。目と口の位置関係がどこなのか知りたいところであるが，片口（1987）のスコアから推測する限り，DdS30 か Dd29 を用いたのだと推測される。
　ムクイヌからひょっとしたら濃淡を感受していたかもしれない。
　WSo Fo（Ad）, Eye Z=3.5
③「真ん中がカブトムシで両側に天使がくっついている」
　第 1 反応の「トリ」と同じ領域の使い方である。検査者が独立した反応かどうか確認している。ここでは 1 つの反応として取り扱っている。軽度の作話的結合反応があると考え，FAB1 を記号化した。なお，この統合について事例 K. H. は異教的なものとキリスト教との結合だと説明し，スカラベとしている。最後に「あんまりそこまでいうと理屈になって，そのときの直観とは不自然になってきましてね」と述べている。ここから抽象反応の AB を記号化した。なお，この反応は Ay と Art の両方が該当するが知性化指標に加重しすぎないようにするために二重コードを防ぐ必要がある（中村，2010）。したがってここでは Ay を記号化した。またスカラベの説明が冗長的になり，個人的体験（PER）や反

応の説明の本筋から離れてしまうことから DR1 を記号化した。

W+ Mp o（2）(H), A, Ay FAB1, AB, PER, DR1, PHR Z=3.5

Card II

④「黒いマントを着た人がうしろにいて，何かを捧げもってですね。ここに火が燃えているような感じです」

人間が D1 で，火が D2 と推測することができる。火の反映が足元に映っている（D3）。ここで片口（1987）では質疑の不足についての所感がメモされているが，おそらくそれは「黒いゴワゴワしたマント」からの濃淡反応を示唆しているかもしれない。

向こうの赤いのが FD，「火の反映が足元に映っている」で Fr，特殊スコアでは，全体としてブラックマジックと宗教的儀式を表象しているので AB を記号化した。また個人的な体験を話しているので PER も該当した。Klopfer 法を参考に人間（1.0）+M（0.5）Cg（0.5）+ 統合（0.5）9 遠近法（0.5）+ 儀式（0.5）等で包括システムでも形態水準は + と判断した。

W+ Mp +, m, FC', CF, FD, Fr（2）H, Cg, Fi, Ay AB, PER, GHR Z=3.0

Card III

⑤「真ん中にチョウがいて……」D3o FCo A

⑥「両側に人間が向かい合っている」

D9 を人間，D3 を蝶ネクタイとみている。両側のそれ（D2）で魂，魂が人間に対してアドバイスをしているので非現実性が高く FAB2 と判断した。カリカチュールみたいな感じと表象しているので AB も記号化した。

W+ Mp o（2）H, Cg, Art, Id P FAB2, AB PHR Z=4.0

⑦「ドッペルゲンガーでチョウチョを中にして，対決し対峙しているというような」

D9 を人間（と幻覚（H）?），真ん中（D3）がチョウとなる。両側の人間像が全く同じことを「ドッペルゲンガー」と表象しているので AB を記号化した。

Dd99（D9+D3）+Mp o（2）H, (H) . Cg GHR Z=4.0

Card IV

⑧「頭が花になった怪物が，ワニのような怪物にまたがっている。こちらに向かって突進してくる」。正確なロケーションは確認できないが, 頭は

D3 で全体が D7，ワニは D1 と考えられる。それぞれの知覚は花の怪物で形態水準は－とし，非現実的結合で FAB2 とした。その後，説明の中で PER, AB と DR1 が記号化できる。

W+ Mp-, FMa (H), (A), Sx, FAB2, AB, PER, DR, PHR Z=2.0

Card V

⑨「ガみたいなもの」

「羽のブワブワ」で FT，「雨に打たれて」で m，「死にかけた」で MOR を記号化した。

Wo mp o, FTA MOR Z=1.0

⑩「コウモリ」

Wo Fo A P Z=1.0

Card VI

⑪「キツネか何かの毛皮」

ロケーションチャートがないため，確かなことはいえないが D3 をキツネの頭部と考えたと推測される。Dd21 の一部の濃淡部分を目とみて，片口（1987）では Fc(?) とスコアされたと考えられる。包括システム法では FV を記号化した。

Wo FV o Ad Z=2.5

⑫「こっちを向いている顔」

この反応に関しては，ロケーションについて確認できなかった。dr となっているため Dd99 とした。決定因は表情で Mp，目は濃淡部部分を活用したと推測され FV，形態水準は片口（1987）では＋であるが，今回は Dd99 としたため出現頻度も低いことが予想され U とした。

Dd 99o M pu, FV Hd PHR

Card VII

⑬「両側から向かいあっている女の顔」

P 反応の人間反応で Klopfer の形態水準では基本点 1.0 で，加算点は，女の子，ポニーテールや衣服（⑭で明らかになる），統合，M反応の 4 点の加算（4×0.5=2.0）となり，3.0 になることから包括システム法でも＋に相当すると判断した。

W+ Ma+, mp (2) H P COP, GHR Z=2.5

⑭「ウサギ」

ウサギが衣服を着ている点で軽度の作話傾向があると判断し，INC1 を
記号化した。

W+ FMao(2)(A), Cg INC Z=2.5

Card VIII

⑮「西洋の昔の紋章みたいな感じ」

Wo Fo (2) Art, A (P) PER, AB Z=4.5

⑯「なんだか上に山みたいなものがみえて……お城みたいなものがみえま
す」

非常に遠い山という感じから FD，ぼけているから濃淡の FY，中世期の
山から Ay を記号化した。

D4v FDo, FY Ls, Id, Ay

⑰「バラの押し花」

D2v CFo Bt

Card IX

⑱「おとぎ話の魔法使いが長い爪で戦っていて，……それを載せているの
が緑色の大きな二羽のトリで……その下に火が燃えていて……遠くにぼ
んやりと青い炎のろうそくが真ん中に立っているような感じがする」

記号化にあたって考慮した点は，「遠くのほうに」で FD，ぼんやりと青
いろうそくで FY の決定因を採用した。特殊スコアでは，人間がトリに
またがっている点で FAB1 になるがおとぎ話なので詩的許容で該当しな
かったが，緑色のトリで INC1 を記号化した。

形態水準は，魔法使いで基本点 1.5，加算点は M 反応，統合，衣服，色
彩（あんず色）で 3.5 となり，包括システム法でも＋と判断した。片口
（1987）では D6 を独立した反応として扱っているが反応⑱に含まれる
と判断した。

色彩反応では「青いろうそく」で CF，「あんず色の帽子」で FC となり，
片口では両方とも副分類でスコアされているが，包括システムでは同じ
決定因のカテゴリーから 2 以上のスコアが発生した場合，最も形態性の
少ない決定因子を 1 つ残すルールになっている（中村，2010）。したが
ってここでは FC と CF のうち CF を残すことになる。

W+ Ma+, CF, mp, FD, FY（2）(H), (A), Hh, Fi, Cl, Cg P

AG, INC1, DR1, PER, PHR Z=5.5

Card X

⑲「ムシがいっぱいいるようですね」

記号化にあたって，片口（1987）ではW反応であるが Exner 法ではすべて用いる必要があるのでここでは Dd99（アオムシ D10 ＋クモ D1 ＋昆虫 D11 ＋葉 D12）と記号化した。形態水準はそれぞれが o 水準であるため o と評定した。

Dd99 + FCo, FMa (2) A, Bt Z=4.0

⑳「真ん中の青いのが女のブラジャーみたいにみえました。左右の赤いものはいまだにわからない」「……そうですね。ブラジャーを両側から支えているのは胎児のような感じです」

記号化にあたって，片口（1987）はこの 2 つを独立した反応として扱っている。最終的には統合しているためここでは 1 つの反応とした。Dd99（ブラジャー D6 ＋胎児 D9）とし，「胎児がブラジャーを支えている」で作話的結合反応があり，非現実性の程度の判断から FAB2 とした。

Dd99+ Mau (2) Cg, H, Sx FAB2, PHR Z=4.0

21「小さいモミジの種子みたいなものがあります」

D30 Fu Bt DR

スコアの一覧から特徴を見てみる。片口（1987）は 25 個であるが，筆者は質疑段階で統合されたと判断し 21 個となった。表 14-1 のスコア継列を見てみると，非常に簡素な反応と非常に複雑な反応とが入り混じっている点が大きな特徴といえる。これについてはまた解釈において取り上げる。次に構造一覧表の主な特徴を見ていくとする（図 14-1）。

構造一覧表による解釈は，鍵変数による解釈戦略を見ていくと，特殊スコアの PTI(知覚と思考の指標)=2 であり，PTI>3 の条件に該当しない。次に DEPI(抑うつ指標)=4 であり，DEPI ＞ 5 の条件に該当しない。CDI（対処能力不全指標）も 3 であり，CDI ＞ 3 にあてはまらない。これらのことを意味するのは，思考障害や気分障害を示唆する臨床像のプロトコルではなく，また対人関係における対処能力の弱さも除外できることになる。次の鍵変数が「D<AdjD」になり，本プロトコルで該当している。

ここから最初に検討するクラスターは「統制」で，次に「状況関連ストレス」の検討することになる。中村（2016）によれば「状況関連ストレス」は，

表　14-1　事例 K. H. のスコア継列

Card	Resp No	Loc.	S	DQ	Loc. No	Determinants	a-p	FQ	(2)	Contents	P	Z	特殊スコア	GHR	PHR
I	1	W		+	1	FM	p	o		A Id		3.5	DR		
	2	W	S	o	1	F		o		(Ad) Eye		3.5			
	3	W		+	1	M	p	o	2	(H) A Ay		3.5	FAB DR PER AB		PHR
II	4	W		+	1	m' MFC' Fr CF FD	p	+	2	Cg H Fi Ay		3.0	PER AB	GHR	
	5	D		o	3	FC		o		A					
III	6	W		+	1	M	p	o	2	H Cg Art Id	P	4.0	FAB2 AB		PHR
	7	Dd		+	99	M	p	o	2	H (H) Cg	P	4.0	AB	GHR	
IV	8	W		+	1	FM M	a-p	-		(A) Sx Art (H)	P	2.0	PER DR FAB2 AB		PHR
V	9	W		o	1	m FT	p	o		A		1.0	MOR		
	10	W		o	1	F		o		A	P	1.0			
VI	11	W		o	1	FV		o		Ad		2.5			
	12	Dd		o	99	M FV	p	u		Hd					PHR
VII	13	W		+	1	m M	a-p	+	2	H Cg	P	2.5	COP	GHR	
	14	W		+	1	FM	a	o	2	(A) Cg		2.5	INC		

										(P)			PHR
Ⅷ	15	W	o	1	F		o	2	Art A		4.5	PER AB	
	16	D	v	4	FD FY		o		Ls Id Ay				
	17	D	v	2	CF		o		Bt				
Ⅸ	18	W	+	1	m M CF FD FY	a-p	+	2	(H) (A) Hh Fi Cl Cg	P	5.5	AG INC DR PER	PHR
	19	Dd	+	99	FC FM	a	o	2	A Bt		4.0		
Ⅹ	20	Dd	+	99	M	a	u	2	Cg Sx H		4.0	FAB2	PHR
	21	D	o	3	F		u		Bt			DR	

構造一覧表　（STRUCTURAL SUMMARY）

比率・％・数値（RATIOS.PERCENTAGES.AND DERIVATIONS）

情報処理 PROCESSING	媒介 MEDIATION	思考 IDEATION	感情 AFFECT
Zf= 16	XA%= 0.95	a:p= 6:10　　Sum6= 11	FC:CF+C= 2:3
W:D:Dd= 13:4:4	WDA%= 0.94	Ma:Mp= 4:8　　Lv2= 3	Pure C= 0
W:M= 13:9	X-%= 0.05	2AB+(Art+Ay)= 17　WSum6= 44	SumC':WSumC= 1:4
Zd= -1.5	S-%= 0.00	MOR= 1　　M-= 1	Afr= 0.50
PSV= 0	P(P)= 5(1)	M none= 0	S= 1
DQ+= 11	X+%= 0.81		Blends:R= 8:21
DQv= 2	Xu%= 0.14		CP= 0

統制 CONTROL			自己知覚 SELF PERCEPTION	対人関係 INTERPERSONAL
R= 21	L= 0.24		3r+(2)/R= 0.67	COP= 1
			Fr+rF= 1	GHR:PHR= 4:5
EB= 9: 4.0	EA= 13.0	EBPer= 2.3	SumV= 2	a:p= 6:10
eb= 8: 6	es= 14	D= 0	FD= 3	Fd= 0
	Adj es= 10	Adj D= 1	An+Xy= 0	SumT= 1
			MOR= 1	Human Cont= 10
FM= 4　　C'= 1　　T= 1			H:(H)+Hd+(Hd)= 5:5	Pure H= 5
m= 4　　V= 2　　Y= 2				PER= 5
				Isol Indx= 0.29
				AG= 1

領域の継起（SUMMARY OF APPROACH）

I	W	WS	W		VI	W	Dd	
II	W				VII	W	W	
III	D	W	Dd		VIII	W	D	D
IV	W				IX	W		
V	W	W			X	Dd	Dd	D

鍵変数による解釈戦略

D(ADJ D: 統制→状況ストレス→以下は次に該当する鍵変数による

領域の特徴 (LOCATION FEATURES)	決定因子(DETERMINANTS) ブレンド Blends	反応内容(CONTENTS) シングル Single		
		M 4	H 5	
Zf= 16		FM 2	(H) 4	特殊指標
Zsum= 51.0	m' M FC' Fr CF FD	m 0	Hd 1	S-CON= 5
Zest= 52.5		FC 1	(Hd) 0	PTI= 2
	FM M	CF 1	Hx 0	DEPI= 4
W= 13	m' FT	C 0	A 7	CDI= 3
D= 4		Cn 0	(A) 3	HVI= No
W+D= 17	M FV	FC' 0	Ad 1	OBS= No
Dd= 4	m' M	C'F 0	(Ad) 1	
S= 1		C' 0	An 0	
発達水準(DQ)	FD FY	FT 0	Art 2	
+ 11	m' M CF FD FY	TF 0	Ay 3	
o 8	FC FM	T 0	Bl 0	
v/+ 0		FV 1	Bt 3	特殊スコア
v 2		VF 0	Cg 7	(SPECIAL SCORING)
		V 0	Cl 1	

形態水準(FORM QUALITY)				
	FQx	MQual	W+D	
+	3	3	3	
o	14	3	12	
u	3	2	1	
–	1	1	1	
none	0	0	0	

FY 0	Ex 0	
YF 0	Fd 0	
Y 0	Fi 2	
Fr 0	Ge 0	
rF 0	Hh 1	
FD 0	Ls 1	
F 4	Na 0	
	Sc 0	SUM6= 11
(2)= 11	3x 2	WSUM6= 44
	Xy 0	
	Id 3	

(SPECIAL SCORING)		Lv1	Lv2
DV	0	DV2	0
INC	2	INC2	0
DR	5	DR2	0
FAB	1	FAB2	3
ALOG	0		
CON	0		

AB= 6	GHR= 4	
AG= 1	PHR= 5	
COP= 1	MOR= 1	
CP= 0	PER= 5	
	PSV= 0	

図 14-1　構造一覧表からの特徴

本プロトコルのように「D<AdjD」に該当する場合のみにストレスに特化して検討するクラスターである。どのようなストレスが，どのようなインパクトで，どの程度慢性的に影響しているのかをアセスメントしていく（中村，2016）。

　次に状況関連ストレスの後に検討するクラスターを決定するために，変数をチェックしていくが「CDI > 3」，「AdjD < 0」，「L > 0.99」はともに該当しない。「Fr+rF>0」が該当し，その後は自己知覚・対人知覚のクラスターに進んでいくことになる。また体験型内向型に該当するため，思考→情報処理過程→媒介→感情の流れになる。

　したがって，解釈戦略として本プロトコルは「統制→状況関連ストレス→自己知覚→対人知覚→思考→情報処理過程→媒介→感情」の流れにそって解釈を行っていく。

III.　解釈のプロセス

（1）統制（Control）
　事例 K. H. の心理的資源（認知能力）は期待されている水準にあり，困っていると感じていない（D, AdjD, CDI）。しかし，検査時には予想以上に複雑な心理的ストレスを抱えていたと推測された（EA, Adjes）。また，自己内省にエネルギーを注いでいるが自己イメージのネガティブな特徴に着目しやすい（Sum V）。

（2）状況関連ストレス（Situationally Related stress）
　検査当時に抱えていた状況ストレスは軽度から中程度であり，いくらか心理的混乱があり集中しにくい思考状態であったと予想され（D, AdjD, m），その一部は最近体験した罪悪感や後悔の念（「なぜ自分はこんなことをしてしまったのだろうか？」）に関係していたかもしれない（V，自己中心性指標）。事例 K. H. は以前から感情の混乱が存在し，検査時のストレスにより混乱がさらに増幅していることも予想された（濃淡色彩ブレンド）。

（3）自己知覚（Self-Perception）
　事例 K. H. のパーソナリティに自己愛的な特徴が組み込まれており，他者より自分の方を好ましくみていること，また周囲に自己価値を何度も確認したり，補強されることを求める傾向がある（Fr+rF，自己中心性指標）。本来，自己内省的行動が望ましい形で行われれば，自分の特性を客観的かつ現実的視点からみられるが，事例 K. H. は自己愛的特性をもちながらも自己イ

メージへのネガティブな特徴へのとらわれがあり，その間で深刻な葛藤の存在が想定され，心理的苦痛の大きな要因になっていると考えられた（FV, FD, Fr+rF）。また自己イメージの形成の仕方が成熟しておらず，現実というよりは想像や現実の歪曲に基づいていると推測された（H,（H），特殊スコア）。

（4）対人知覚（Interpersonal-perception）
事例 K. H. の対人関係の持ち方は，一見積極的に見えるかもしれないが，受動的で人に動かされやすい側面があり，問題解決を自ら行うことは少ない（a : p）。他者への関心はあり，ポジティブな相互関係を期待しているが対人関係の理解や対人行動は必ずしも効果的とはいえないようだ（Human content, PureH, AG, COP, GHR：PHR）。その要因として，他人に弱みをみせないように知的な防衛や予防線を張るような形になるためであろうと考えられる（PER, 知性化指標）。

（5）思考（Ideation）
事例 K. H. の対処スタイルは思考型（内向型）であり，対処の際にさまざまな選択肢を考慮するために慎重に行動をとる。なるべく感情を切り離して考えて行動するが時に感情が大きく影響することもある（EB, EBper）。状況ストレスで指摘した心理的混乱が思考や注意集中を低下させていた可能性も考えられる（eb, m）。事例 K. H. は空想活動が豊かであり，ストレス場面では空想に逃げ込むことによって直面したくない現実をやり過ごしたり，否認の防衛を行っていたと考えられる。この対処スタイルは他者依存な対人関係を持つため他者操作されやすい（Ma:Mp）。また知性化の防衛を主に使用し，感情は扱われることが少なく，歪んだ概念を取り入れやすいため，強いストレス状況では思考のまとまりが悪くなる（知性化指標）。実際に検査時の思考のまとまりは悪いが重度の思考障害というよりは空想優先の非現実的思考や思考の焦点づけがゆるんだ形をとることが多かった（Wsum6）。

（6）情報処理（Processing）＆認知的媒介（Cognitive Mediation）
外界の刺激を処理するのに多くの努力を行い，細かいところにとらわれることもある（Zf, W:D:Dd）。多くの場合の情報処理の質は高いが，ときに洗練されない未熟なレベルになることもある（DQ+, DQv）。ブロットの知覚そのものの形態水準は高く，現実検討力は正確で高く保たれるよう特別な努力している様子がある（XA%, WDA%, FQ+）。

（7）感情（Affect）

事例 K. H. は判断や意思決定にあたっては試行錯誤的な行動を避け，感情の活動を停止して思考を重視するため慎重になる。感情表現には抵抗はないものの，感情のコントロールにはより気を遣う傾向にあり，感情が乱れないように感情を刺激する状況を避けている（EB, EBper, Afr）。その理由として感情の対処にはたいてい知性化を使うが，それは時に感情の表出がその状況にふさわしくないほど強くなるためである（知性化指標，FC:CF+C）。さらに心理的構造も複雑な側面があり，ときに複雑すぎて「あれでもなく，これでもなく，自分はいったいどうしたいのか !?」と強い感情的混乱状況から抜け出せなくなる恐れがある（ブレンド，濃淡色彩ブレンド）。状況ストレスにもあったように検査時は，その精神的苦痛をまさに体験していたとも考えられる（Y による濃淡色彩ブレンド）。いずれにしても事例 K. H. にとって感情は正体がつかめず，扱いにくいものであったといえよう。

IV.　先行研究との比較から

（1）片口法による解釈：片口の分析

片口は一度 1966 年に事例 K. H. の解釈を公表し，その後（片口，1971，1987）に解釈の再構成を行っている。最終的な人格像のまとめを引用してみる。「きわめて豊かな感受性を有しながらも，感情に溺れず，むしろそれを拒否しているように思われる。現実回避的な傾向，つまり現実に直接触れることを避けながら，かえって現実を冷静に眺めており，結局は，強い知性によって現実に対して距離を保ちながら，的確な仕方で処理している。それは幻想的な世界を，正確に行動する甲冑的人格と表現することもできる。この甲冑の中に，意外に弱々しい人間像が隠されていたのかもしれない。同性愛傾向は豊かな想像の源にあって，反応内容をいっそう個性的なものにしていると考えられる。その性倒錯的な傾向が，内的葛藤と緊張を高め，その結果，日常的・現実的世界を非人間的な世界に変えて，その中に住むことによって内的な不安から自らを守ろうとしている。この事例のロールシャッハ反応にみられる生命力減退の兆しや，かなり病的な傾向を思わせる表現がみられることから，彼の 10 年後の行動を予測し得た解釈者がおられたかもしれないが，筆者としては，この時点における反応のみからは，彼の不幸な結末を予測することはできなかった」（片口，1987, p.405）

このまとめに至る解釈プロセス（片口, 1987）から片口がプロトコルやデ

ータのどこに注目しているかうかがい知ることができる。以下のポイントに
集約される。

①防衛的，衒学的な自己顕示，権威への依存，優れた内観や表現能力：検
　査態度やプロトコルに示される言葉から。
②知的統制の高さ：形態水準の高さや構成されたWから。
③豊かな想像性と空想性，強い内的統制，活発な心的エネルギー：内向型
　と形態水準の高さから。
④緊張の強さ：形態水準の高さと材質反応の回避から。
⑤共感能力をもっていてもそれを認めない傾向（現実を回避し，非現実的
　の空想世界に閉じこもる）：M反応が多くあるにも関わらず，材質反応の
　乏しさがあったり，非現実的な性質（異教的あるいは魔術的なテーマも
　含む）を持つことから。
⑥感受性の高さ：MとΣCの合計や決定因の豊富さから。
⑦本能的・生命的エネルギーが意外に脆弱（本能的・性愛的なものに対し
　て臆病）：材質反応の欠如とFMの低さから。
⑧あいまいさ耐性の低さ：IX図版のもつ拡散的な性質に対して困難さを覚
　えたところから。
⑨自己像の二面性：内容分析による甲冑に身を固めた隙のない自己像（例：
　スカラベ）と弱々しく衰退した自己像（例：死にかけ，しおれたガ）の
　推測から。
⑩同性愛傾向 ： 女性的傾向（VII），性別認知の混乱（VI），自己隠蔽性
　（III）から。

（2）内容分析による解釈：空井・井原の分析
　空井（1974）は，Halpern（1953）の解釈にも出てくる中央領域が自己像
を表すことが多いという仮説や反応継起から事例 K. H. の現実的な自己と理
想的な自己の2つが出ていることを指摘した。また VIII 図版の色彩の否定に
触れ，現実検討力は非常に良いが情緒的な統合・統一は弱いことにも触れてい
る。ここで継列分析によって空井（1974）がまとめた解釈の一部を引用する。
　「この人は情緒的に混乱されやすい人ですし，もっぱら知的なものによる現
実吟味のよさで自分を保つという，いわば仮面をつけて暮らしていたわけで
すね。Card IV にみられるように女性に圧倒されている自分。それは Card V
にみられるようにボロボロの蛾になっている。しかし外に対しては張りつめ

ていなくてはいけない。Card V の第2反応のようにちゃんとしなくてはいけ
ないと自分に言いきかせ，あくまで『スカラベ』のようにみせていなくては
いけない。西洋への固執にすがってまで外に対して張りつめている。しかし
張りつめっ放しではまたなくて，くたびれてゆるんだ弓の弦を張りなおして
はくたびれ，張りなおしてはくたびれます。感受性の豊かさにもかかわらず
非常にぶきっちょな面があって，結局同性愛を乗り越えられなかった。当然，
Card IV，Card VII にみられる母親・父親とのいろんな問題がこの人の歴史
の中にあったということはいうまでもありません。…（中略）…私なら何ら
かの時点で"先生でもお疲れになることがあるんでしょうね"と言ったかも
しれない，という感じがします。そのとき彼がどんな行動を示すか，彼の心
の中がどう動くかは興味深いことだろうと思います」（空井，1974，p. 146）
　さらに，この流れを受けて井原（2015）は，事例 K. H. の作品やさまざま
な資料とロールシャッハ反応との対応から母子関係や心理性的側面に深く踏
み込んだ理解（女性イメージの分裂と無意識的な女性嫌悪への抑圧の存在）
が述べられている。

（3）形式・構造的系列分析による解釈：服部・石橋の分析
　服部・石橋（2021）は，形式・構造的系列分析の視点から事例 K. H. のプ
ロトコルを分析している。ロールシャッハ・プロトコルから反応産出過程を
丹念に読み込み，正確な記号化とその反応の背景にどのような精神活動がみ
られるかを検討している点が大きな特徴である。服部・石橋（2021）は，事
例 K. H. のプロトコルの特徴を以下の3点に集約した。

①図版のさまざまな特徴を正確に把握し，それに見合った概念を反応とし
　て選択している。
②それらすべてを網羅させた何か一つのものとして回答しようとしてい
　る。その結果，しばしば不合理な反応として示されることになる
③それを個人的体験や蘊蓄によって合理的に説明しようとしている。

　事例 K. H. の服部・石橋の分析（2021）において，筆者はさらに以下の点
に着目した。その一つは，体験型で，色彩反応から積極的に色彩に言及する
よりは，むしろその影響を排する傾向，人間運動反応の分析から「確かに図
版はそうなっているようにみえるが，内容としては不自然という性質を帯び
ている」という点である。色彩反応の特徴は，空井（1974）で指摘され，か

つ筆者の解釈でも取りあげているからである。また内容の不自然さについて
は個人的体験や蘊蓄によって問題そのものが隠れているように（カモフラー
ジュされているように）筆者には感じられた。

　ロールシャッハ反応の形式・構造的系列分析で理解された①～③の特徴は，
いわば事例 K. H. の行動様式となる。状況を「あれも，これも」できる限り，
正確に捉え，状況を「これはこういうものである。だからこうすべきである」
と理解と対応を決めてしまうこと，そして逆にそれに縛られやすい傾向であ
る（服部・石橋，2021）。この行動様式から，事例 K. H. 自身の体質改善を
目的としたボディビルディングや剣道などさまざまな訓練を行っていた逸話
が理解できる。また本事例は，反応の他に個人的体験や蘊蓄が多いことが特
徴的であるが，その行動スタイルは，知的に理屈をこねることで葛藤回避，
自尊心の傷つきや防衛を図る傾向が自伝小説に表れていることを服部・石橋
（2021）は指摘している。

（4）包括システムによる解釈：筆者の分析
　構造一覧表からの解釈プロセスは 3 にて記述したが，そこから推測した事
例 K. H. のパーソナリティ像をまとめると以下のようになる。

①本来の情報処理能力や物をとらえる能力（知的能力）は高く，また多く
　のエネルギーを注いでいる。
②感情体験がかなり複雑になってしまうため大きな負荷がかかっている。
③アイデンティティに関する深刻な葛藤：自己への関心や自己愛的が高い
　一方で，自己像が安定せず，自己否定的な内省や自己確認の繰り返しが
　みられるだろう。
④知性化・空想の多用：情緒だけでなく思考の問題さえもカモフラージュ
　し，正当化してしまう生き方。
⑤現実ではなく空想に基づいての自己理解・他者理解のため，対人関係に
　は関心があるが，協力的な関係性よりは失敗が多いのではないだろうか。
　本人も他者が自分から離れていくことを自覚していて，孤立感も高い。
⑥決定因のブレンドのムラが大きい：驚くほどの多くのことをこなす一方
　で，ほとんど何もできなくなってしまうときもあるかもしれない。

　事例 K. H. の自己愛的なパーソナリティは自明のことで取り挙げられるこ
とは少ないが，この傾向は決定因でも見られ，自己内省においては自己否定

的なもの，自己確認の繰り返しを行いやすいことが推測された。この行動傾向があると対人関係に関心があるものの，他者から操作されやすく（Exner, 2009），孤独な感情を持つことも少なくなかったのではないかと推測される。知性化の問題は，片口（1987）や空井（1974）にあった脆弱な自己像，さらには情緒面や思考面の問題をもカモフラージュしてあたかも問題がなかったかのように体験してしまうように筆者には感じられた。

　これらの解釈視点を並べてみるとそれぞれの特徴が浮かび上がってくる。

　片口（1987）の解釈は，少なくとも①〜⑦までは反応態度や数量的分析から第三者による解釈過程の追体験が可能である。ここからわかるのは，特別な分析法・解釈法ではなく，我々が学習している片口法のあらゆる分析視点を網羅して構築された解釈像であることである。さらに単に解釈仮説を再構成するのではなく，検査状況での受検態度や質疑段階で事例 K. H. が述べたことを参考にそれぞれの変数の数値的意味を一つひとつ丹念に考え，そこからの事例 K. H. のパーソナリティ像を推測している部分は大変参考になる。筆者は改めて解釈プロセスを読み返して，Rorschach 自身による解釈の試み（Schneider, 1937）と類似しているように思った。特にロールシャッハ解釈の理論が整いつつある現代ではある種の解釈パターンにあてはめて理解しようとする。しかし，検査結果から被検者に関して読み取れる可能性のあるものをできるだけ汲みとろうとする姿勢（空井, 1995）が大切であることに筆者は気づかされた。またこの姿勢は，以下に述べる空井（1974），井原（2015），服部・石橋（2021）の分析にもそれぞれのアプローチの仕方で貫かれていることにも気づく。

　空井（1974）による内容分析では精神分析的視点から主に自己像と精神性的発達の問題をクローズアップしている。空井（1974）の継列分析の解釈を読んでいると，事例 K. H. がロールシャッハ図版 10 枚の人生の中でどのように格闘しながら生きてきたかについての姿が浮かんだ。さらに治療的な側面まで触れられており，心理療法の事例検討を聞いているかのような印象を筆者は抱いた。それは事例 K. H. へのロールシャッハ解釈のフィードバックを意識した構成になっているためである。空井（1994）は，心の問題は客観的な医学的検査の結果と異なり非常に複雑なのでロールシャッハ・テストに示された結果のすべてを伝えることは難しいこと，そこで本人に伝える基準は，その時点で自分の特性について他者から聞かされても耐えられる範囲の情報であるという。心理臨床家が検査結果を本人に伝える基準は，それを知

ることが本人の精神的成長にいくらかでも役立つかどうか（言い換えれば常に心理療法との関連の中で，心理検査の結果は生きている）という視点（空井，1994）は，心理検査のフィードバックに必要な視点を提供してくれる。

　服部・石橋（2021）による形式・構造的系列分析では，ロールシャッハ反応の形式性の分析から事例 K. H. の行動様式が捉えられた。状況を「あれも，これも」できる限り，正確に捉えようし，状況を「これはこういうものである。だからこうすべきである」と理解と対応を決めてしまい，それに縛られやすい傾向である（服部・石橋，2021）。このような頑なな姿勢ではさまざまな対人関係をやり通すことは難しく，不合理な言動になりやすい。その不合理な言動を個人的体験や蘊蓄によって合理的に説明する傾向があると，対人関係では失敗しやすく，他者は離れていき，孤立感を抱くことになる。服部・石橋（2021）の分析は，ロールシャッハ反応から事例 K. H. の実際の認知－行動様式を読み取り，彼がどのように当時の生活状況を生きていたのか，状況把握とその対処の特徴および課題（柔軟性の問題）が適応の問題の中核にあったことを我々に教えてくれる。

　筆者による包括システムの数量的分析ではどうだろうか。先行研究でほぼ事例 K. H. のパーソナリティ像をとらえていて，今回の包活システムによる解釈で何か大きな新たな視点を提供するということは難しかった。そのような条件の中で私見を述べると，事例 K. H. の検査時にストレス過多の状況にあった可能性を挙げることができる。また解釈ストラテジーでは最後の検討事項であったが，感情面の脆弱性がより露わになったといえるかもしれない。空井（1974，1994）で指摘のあった情緒面の処理の弱さについて，「通常は情緒面をなるべく避け，知性化・合理化の防衛で対処しているが，とても複雑な情緒面を持っていて，追いつめられると両価的な感情や感情の混乱から抜け出せにくい」という課題が明確になったように感じた。

V．おわりに

　今回，筆者は自主シンポジウムにて事例 K. H. のロールシャッハ解釈を挑戦する機会を得て，この課題への好奇心を高く持つ一方，片口（1966，1971，1987）や空井（1974，1994）といったロールシャッハ・テストの大家の所見や井原（2015）の精神分析的理解にどこまで近づけるかという重圧や戸惑いも感じた。片口（1987）と空井（1974）の所見や井原（2015）の論考を読むたびに，事例 K. H. のパーソナリティ像や精神病理が手にとるようにわ

かり，感動する一方で，同じ水準のロールシャッハ解釈にたどりつけないもどかしさも感じた。個人的にはロールシャッハ臨床家の先達との対話（「先生はなぜこのような解釈になったのですか？」，「私はあの反応からこのように捉えたのですがいかがでしょうか？」）するような気持ちであった。

　それでも最終的には日本心理臨床学会の自主シンポジウムで服部・石橋（2021）と筆者といった現代のロールシャッハ研究者が同じ課題に向き合ってそれぞれの回答を示したことに意義はあったように思う。少なくとも現代のロールシャッハ解釈の技術は，黎明期のロールシャッハ・テストの大家の解釈に近づくことは可能であると思われた。一方，ロールシャッハ・テストで何かを断定するのではなく，あくまで被検者のパーソナリティに関するたくさんの情報や可能性を汲みとろうとする姿勢の重要性はいつの時代も変わらない。今回の学習の機会を次世代へのロールシャッハ教育に活かしていきたい。

文　　　献

Exner, J. E. (2003) *The Rorschach A Comprehensive System Volume I Basic Foundations and Principles of Interpretation (4th Edition)*. John Wiley & Sons. （中村紀子・野田昌道監訳（2009）ロールシャッハ・テスト包括システムの基礎と解釈の原則．金剛出版．）
Halpern, F. (1953) *A Clinical Approach to Children's Rorschachs*. Grune & Staratton. （本明寛ほか訳（1971）児童臨床のためのロールシャッハ診断．実務教育出版．）
服部信太郎・石橋正浩（2021）形式・構造的系列分析の試み（6）：片口による「事例 K. H.」を用いて．発達人間学論叢，23・24・25, 69-82.
井原成男（2015）ロールシャッハ・テストプロトコルからみた三島由紀夫の母子関係と同性愛．お茶の水女子大学人文科学研究，11, 73-85.
片口安史（1966）作家の診断：ロールシャッハテストによる創作心理の秘密をさぐる．至文堂．
片口安史（1971）巨大なるスカラベの死．現代のエスプリ，35（特集：三島由紀夫），68-77.
片口安史（1987）改訂 新・心理診断法．金子書房．
中村紀子（2010）ロールシャッハ・テスト講義 I：基礎篇．金剛出版．
中村紀子（2016）ロールシャッハ・テスト講義 II：解釈篇．金剛出版．
Schneider, E. (1937) Eine diagnostische Untersuchung Rorschachs auf Grund der Helldunkeldeutungen erganzt. *Zeitschrift fur die gesamte Neurologie und Psychiatrie*, 159, 1-10. （空井健三・鈴木睦夫訳（1986）付 ロールシャッハ自身による診断的研究の一例と明暗反応に基づくその補完．In：Rorschach, H. 著・Bash, K. W. 編・空井健三・鈴木睦夫訳：ロールシャッハ精神医学研究．みすず書房，pp.238-250.）
空井健三（1974）三島由紀夫のロールシャッハ反応の再吟味．ロールシャッハ研究，15・16, 137-147.
空井健三（1994）ロールシャッハ・テストによる三島由紀夫の精神病理．現代のエスプリ別冊 精神病理の探究，14-22.
空井健三（1995）精神科領域におけるロールシャッハ・テストの過去と未来．精神医学レビュー，5-12.

おわりに

　本書は，心理アセスメントの研究者として，そして臨床家として，発達障害と心理アセスメントについて考えてきたことを論文化したものです。振り返れば，私の臨床心理学の実践は，ロールシャッハ・テストと発達障害の2つの領域の出会いから始まりました。この2つの領域の研究に打ち込めたこと，多くの先生方と出会え，たくさんのことを教わり，そして本書が生まれたことに改めて深く感謝申し上げます。

　私のアセスメント研究の出発点は，中京大学心理学部名誉教授の八尋華那雄先生との出会いに始まります。八尋先生よりロールシャッハ・テストの魅力を伝えていただき，ロールシャッハ・テストを研究するきっかけを作ってくださいました。心理アセスメントの大切なことは，「クライエントの問題点だけではなく，健康な部分を見つけることである」という教えは今も大切にしております。研究者，臨床家としての私の成長を常に暖かく見守っていただいていることに厚くお礼申し上げます。

　同じく私の発達臨床心理学の実践は，中京大学現代社会学部の辻井正次先生との出会いに始まります。NPO法人アスペ・エルデの会のボランティアスクール生の第一期生として，発達障害の子ども・青年との関わり方や問題行動の理解の仕方や対応，そして発達障害にとっての心理アセスメントの意味について多くのことを教わりました。本書で述べた心理アセスメントを発達支援につげる視点は，辻井先生から教わり，培った発達臨床の臨床感覚を投映法アセスメントに役立てるとどうなるかと言語化した試みになります。また，私の研究や実践を論文化する機会をたくさん提供いただきましたことに厚くお礼申し上げます。

　ロールシャッハ・テストの応用的視点をご指導いただいた東海学院大学の内田裕之先生に厚くお礼申し上げます。内田先生からは，名大法，阪大法，Klopfer法の考えを丁寧に教えて頂きました。内田先生の教えによって私のロールシャッハ理解が広がったとともに，発達障害を捉えるロールシャッハ法として形にすることができました。同じく阪大法のご指導をいただいた大阪教育大学の石橋正浩先生に厚くお礼申し上げます。石橋先生にはロールシャッハ反応の反応産出過程を臨床心理学的援助につなげていくロールシャッハ臨床を教わり，ロールシャッハ解釈を発達支援につなげる視点を形成することができました。

　同じく本書にある一連の本研究や論文を執筆する上で，多くの友人や中京大学心理学部の同僚の先生方，NPO 法人アスペ・エルデの会のディレクターの先生方には，本研究だけでなく日常の臨床と教育研究にいつも良い刺激とご支援をいただいております。そして私の研究および臨床実践について，いつも応援し続けてくれる家族に感謝申し上げます。

　最後に，私の論文に関心を持っていただき，書籍化の機会をいただきました遠見書房山内俊介社長，そして本書の編集をご担当いただいた塩澤明子さんに心より感謝申し上げます。

　令和 5 年 10 月

明翫光宜

初出一覧

第 I 部　支援とアセスメント

◆第 1 章　発達障害理解のための心理アセスメント．初出：市川宏伸編著，柘植雅義監修『発達障害の「本当の理解」とは：医学，心理，教育，当事者，それぞれの視点』金子書房，30-37 頁，2014 年．

◆第 2 章　発達検査．初出：高瀬由嗣・関山徹・武藤翔太編『心理アセスメントの理論と実践』岩崎学術出版社，140-149 頁，2020 年．

◆第 3 章　発達障害に関する検査．初出：高瀬由嗣・関山徹・武藤翔太編『心理アセスメントの理論と実践』岩崎学術出版社，150-164 頁，2020 年．

◆第 4 章　養育者の評価．初出：臨床心理学，13 号，508-513 頁，2013 年．

◆第 5 章　生活困窮者支援におけるアセスメントの現状と課題．初出：臨床精神医学，51 号，195-203 頁，2022 年．（共著論文）

第 II 部　投映法を発達障害支援に活用するために

◆第 6 章　自閉症の体験世界と描画との関係．初出：臨床描画研究，33 号，7-18 頁，2018 年．

◆第 7 章　広汎性発達障害児の人物画研究　DAM 項目による身体部位表現の分析．初出：小児の精神と神経，51 号，157-168 頁，2011 年．（共著論文）

◆第 8 章　発達障害のロールシャッハ法（1）基礎研究の知見の紹介．初出：佛教大学臨床心理学研究紀要，17 号，63-83 頁，2012 年．

◆第 9 章　発達障害のロールシャッハ法（2）反応特性から支援の方向性へ．初出：佛教大学臨床心理学研究紀要，17 号，85-98 頁，2012 年．

◆第 10 章　発達障害領域の心理アセスメントとロールシャッハ・テスト．初出：包括システムによる日本ロールシャッハ学会誌，21 号，19-25 頁，2016 年．

◆第 11 章　高機能広汎性発達障害と統合失調症におけるロールシャッハ反応の特徴（1）数量的分析．初出：包括システムによる日本ロールシャッハ学会会誌，12 号，39-49 頁，2008 年．

◆第 12 章　高機能広汎性発達障害と統合失調症におけるロールシャッハ反応の特徴（2）反応様式の質的検討．初出：ロールシャッハ法研究，11 巻，1-12 頁，2007 年．（共著論文）

◆第 13 章　Basic Rorschach Score におけるパーソナリティ理論．初出：中京大学臨床心理相談室紀要，21 号，29-35 頁，2021 年．

◆第 14 章　事例 K. H. のロールシャッハ解釈　包括システムからの理解．初出：中京大学臨床心理相談室紀要，22 号，23-32 頁，2022 年．

著者略歴
明翫光宜（みょうがん・みつのり）
中京大学大学院心理学研究科博士後期課程中途退学。博士（心理学）。2005 年中京大学心理学部助手。東海学院大学人間関係学部，東海学園大学人文学部の勤務を経て，2012 年中京大学心理学部・心理学研究科講師。2020 年より中京大学心理学部・心理学研究科教授。専攻：発達臨床心理学，心理アセスメント。
主な著書：『発達障害の子の気持ちのコントロール』（共編著，合同出版，2018 年），『発達障害児者支援とアセスメントのガイドライン』（共編著，金子書房，2014 年），『臨床心理学の実践：アセスメント・支援・研究』（共編著，金子書房，2013 年），翻訳『子どもと親のためのフレンドシップ・プログラム』（共訳，遠見書房，2023 年）ほか。

発達支援につながる臨床心理アセスメント
ロールシャッハ・テストと発達障害の理解

2023 年 12 月 10 日　第 1 刷

著　　者　明翫光宜
発 行 人　山内俊介
発 行 所　遠見書房

遠見書房

〒 181-0001 東京都三鷹市井の頭 2-28-16
株式会社　遠見書房
TEL 0422-26-6711　FAX 050-3488-3894
tomi@tomishobo.com　http://tomishobo.com
遠見書房の書店　https://tomishobo.stores.jp

印刷・製本　モリモト印刷
ISBN978-4-86616-186-0　C3011
©Myogan Mitsunori 2023
Printed in Japan

※心と社会の学術出版　遠見書房の本※

遠見書房

臨床心理検査バッテリーの実際　改訂版
　　　　　　　　高橋依子・津川律子編著
乳幼児期から高齢期まで発達に沿った適切なテストバッテリーの考え方・組み方を多彩な事例を挙げて解説。質問紙，投映法など多種多様な心理検査を網羅しフィードバックの考え方と実際も詳述。好評につき大改訂。3,300 円，A5 並

投映法研究の基礎講座
　　　　（日本大学教授）津川律子 編
投映法研究の質をあげるためのノウハウと，代表的検査法であるロールシャッハ，描画法，TAT，P-F スタディ，SCT の各研究の歴史・現状・知見を網羅した一冊。研究計画から執筆までのよき「座右の書」。2,530 円，四六並

TAT〈超〉入門
取り方から解釈・病理診断・バッテリーまで
　　　　　　　赤塚大樹・土屋マチ著
投映法検査 TAT の初学者から中級者に向けた入門書。使い方から各図版に現れやすい臨床情報，分析，解釈，フィードバック，テスト・バッテリーなどをわかりやすく解説。2,750 円，四六並

親と子のはじまりを支える
妊娠期からの切れ目のない支援と心のケア
　　　　（名古屋大学教授）永田雅子編著
産科から子育て支援の現場までを幅広くカバー。本書は，周産期への心理支援を行う 6 名の心理職らによる周産期のこころのケアの実際と理論を多くの事例を通してまとめたもの。2,420 円，四六並

臨床心理学中事典
　　（九州大学名誉教授）野島一彦監修
650 超の項目，260 人超の執筆者，3 万超の索引項目からなる臨床心理学と学際領域の中項目主義の用語事典。臨床家必携！（編集：森岡正芳・岡村達也・坂井誠・黒木俊秀・津川律子・遠藤利彦・岩壁茂）7,480 円，A5 上製

子どもと親のための
フレンドシップ・プログラム
人間関係が苦手な子の友だちづくりのヒント 30
フレッド・フランクル著／辻井正次監訳
子どもの友だち関係のよくある悩みごとをステップバイステップで解決！　親子のための科学的な根拠のある友だちのつくり方実践ガイド。3,080 円，A5 並

事例検討会で学ぶ
ケース・フォーミュレーション
新たな心理支援の発展に向けて
　　　（東京大学名誉教授）下山晴彦編
下山晴彦，林直樹，伊藤絵美，田中ひな子による自験例に，岡野憲一郎らがコメンテーターの事例検討会。臨床の肝をじっくり解き明かす。3,080 円，A5 並

「かかわり」の心理臨床
催眠臨床・家族療法・ブリーフセラピーにおける関係性　（駒沢大）八巻　秀著
アドラー心理学，家族療法，ブリーフセラピー，催眠療法を軸に臨床活動を続ける著者による論文集。関係性や対話的な「かかわり」をキーワードに理論と実践を解説。3,080 円，A5 並

みんなの精神分析
その基礎理論と実践の方法を語る
　　　　　（精神分析家）山﨑　篤著
19 世紀の終わりに現れ，既存の人間観を大きく変えた精神分析はロックな存在。日本で一番ロックな精神分析的精神療法家が，精神分析のエッセンスを語った本が生まれました。2,420 円，四六並

〈フリーアクセス〉〈特集＆連載〉心理学・心理療法・心理支援に携わる全ての人のための総合情報オンライン・マガジン「シンリンラボ」。https://shinrinlab.com/

価格は税込です